# 现代图书馆管理与阅读推广实践新探

陈林　著

经济日报出版社
北　京

图书在版编目（CIP）数据

现代图书馆管理与阅读推广实践新探 / 陈林著. --
北京：经济日报出版社, 2024.5
ISBN 978-7-5196-1482-9

Ⅰ.①现… Ⅱ.①陈… Ⅲ.①图书馆管理—研究②图
书馆—读书活动—研究 Ⅳ.①G251②G252.17

中国国家版本馆CIP数据核字(2024)第081506号

## 现代图书馆管理与阅读推广实践新探

XIANDAI TUSHUGUAN GUANLI YU YUEDU TUIGUANG SHIJIAN XINTAN

陈林　著

出　　版：经济日报出版社
地　　址：北京市西城区白纸坊东街 2 号院 6 号楼 710（邮编 100054）
经　　销：全国新华书店
印　　刷：廊坊市海涛印刷有限公司
开　　本：710mm×1000mm　　1/16
印　　张：12
字　　数：196千字
版　　次：2024 年 5 月第 1 版
印　　次：2024 年 5 月第 1 次印刷
定　　价：68.00 元

　　图书馆作为人类文明的重要载体和社会学习的重要场所，一直承担着收集、整理、保存和传播知识的使命。随着科技的飞速发展和社会的不断进步，现代图书馆的管理模式和服务内容也在不断变革和创新。特别是在阅读推广方面，图书馆正面临着前所未有的挑战和机遇。

　　基于此，笔者编写了《现代图书馆管理与阅读推广实践新探》一书。首先，介绍了图书馆管理的内涵、特点与职能，以及现代管理理论与图书馆管理的常见模式。其次，详细阐述了图书馆战略规划与管理的实施过程，包括战略的制定、实施和评价。再次，探讨了现代图书馆业务管理工作与创新，包括文献资源建设、用户服务工作、业务研究与辅导以及大数据应用等方面。对现代图书馆阅读推广及工作机制进行了分析，包括阅读推广的定义、方式与媒介建设、阅读推广模式以及工作机制等。此外，关注了现代图书馆未成年人阅读推广实践以及志愿者参与图书馆阅读推广工作的情况。最后，对智慧图书馆建设下的阅读推广进行了研究，探讨了智慧图书馆的形成与建设、智慧赋能的图书馆阅读推广服务等方面。

　　全书力求实现理论与实践相结合，具有时代性、实用性等特点，有助于实务工作者进一步思考和探讨相关知识在日常工作中的应用。

　　本书的编写得到了许多专家学者的帮助和指导，在此表示诚挚的谢意。由于笔者水平有限，加之时间仓促，书中所涉及的内容难免有疏漏与不够严谨之处，希望各位读者多提宝贵意见，以待进一步修改，使之更加完善。

# 目 录 >>>

# 第一章 现代图书馆管理的理论阐释

## 第一节 图书馆管理的内涵及意义

### 一、图书馆管理的内涵阐释

图书馆管理是一项错综复杂的工作，需要各方协作、统筹规划、整体布局和有效控制。通过合理配置和优化组合人力、物力等多方面的资源，实现整体效能的最优化，只有这样，才能与图书馆建设的长远目标相吻合，并符合未来的建设与发展布局。

从具体的管理而言，可以将管理细化为基层管理、中间层管理与高级管理三个层次，管理主要是针对馆内书籍、基础设施、资金花费等几个方面而展开的。管理究竟涉及哪几个方面、涵盖怎样的范围与管理对象之间的联系十分紧密。具体管理内容除了包括整个馆内的部门体系、行业建设的整体布局外，还包括馆内网络、分类网站等。我们之所以要开展图书馆的管理工作，根本原因就在于被管理对象能够与社会系统建设相互协调。从管理方式的角度而言，可以将其细化为法律、行政和经济几个类型。

从管理结构的角度来说，图书馆之间存在大小的差异，因此，要结合它们之间的规模来决定应采取哪一级别的管理，可以是一级模式，也可以是多级模式。管理的质量究其根本还是能够充分体现出工作人员之间的协作效果。从具体的管理内容来看，最初图书馆的管理还相对比较保守，随着图书馆功能的不断完善和健全，管理的开放性特征愈加凸显，图书馆的实用价值被高度彰显出来。随着资源的共享程度越来越高，现代化特色日益明显，管理过程中的速度、反应快慢等越来越被强调。

简单而言，图书馆管理主要是针对图书馆系统而展开的。若对管理进行分类，可从宏观和微观两个角度进行探讨。宏观角度是指整个社会的图书馆事业，而微观角度则是指个体化的图书馆管理。

在判断一个图书馆的绩效时，一个重要的参照标准是服务对象的需求是否得到了满足。对于图书馆而言，让读者获得满意是其最高的追求之一。图书馆无论在哪种环境下，都必须时刻关注读者的感受。管理的最终目的也是为了追求更好的读者口碑，有效利用各种人力、物力、信息等资源，使其为图书馆的高效运作服务。

## 二、图书馆管理的意义体现

### （一）图书馆发展的需要

图书馆工作是一项烦琐且复杂的工作，涵盖了众多内容。为了确保每一项工作都井然有序，我们需要付出坚持不懈的努力。在这个庞大的系统中，我们需要对每个环节进行合理的安排，并确保物资供应的充足。此外，我们还需要合理调配人力资源，让所有的工作人员都能够有条不紊地按照一定的流程开展工作。通过适时调整、合理引导、科学规划以及统筹安排，我们可以确保每一项工作都顺利地进行。

社会的发展步伐日益加快，科学文化事业蒸蒸日上，图书馆建设在形式、内容、种类、范围方面也都在不断深化拓展，用户之间也建立了更为紧密的联系。从中我们也能够深刻地认识到，图书馆不再是一个个独立的个体，它们之间彼此紧密相连，成为了一个新的有机体。这就需要图书馆发挥管理的重要价值，使得不同图书馆之间、不同用户之间能够建立更为密切的关系。图书馆事业不可能依靠某一个图书馆单独完成，它需要集体的智慧与力量。要从全国的角度进行考虑，合理分配，优化布局，协调配合，推进发展，促进图书馆建设迈上新台阶，使图书馆管理效果逐步增强。唯有如此，各类文献资源的价值才能被充分发挥、高效利用起来。

### （二）信息服务和用户需求的需要

随着全球文献数量的飞速增长和科技进步的日新月异，来源的多样性使得信息真伪难辨。因此，图书馆在开展常规工作时面临着前所未有的挑战。首先，面对来源各异、内容多元的文献信息，必须严格筛选流程，科学加工，并实行严格的管理；其次，必须通过多元化方式，帮助用户准确定位所需的信息。为实现这一目标，图书馆必须科学地安排各项工作，定期进行专业培训，严格把控信息和数据调研流程，了解用户的真实需求，这是图书馆建设过程中的一项重要责任。

### （三）图书馆现代化的基础

随着信息技术的飞速发展，图书馆的发展也出现了新的变化。目前，图书馆在现代化的进程中已经迈出了关键的一步，其未来发展的新趋势包括管理科学化、政策标准化、技术自动化、运用智能化等。现代图书馆的运作依赖于精密的电子设备，而科学的管理是使其价值充分彰显的先决条件。

# 第二节　图书馆管理的特点与职能

## 一、图书馆管理的主要特点

"图书馆管理作为一种特殊的社会实践活动，其具有一般社会实践所共有的客观性、能动性和社会历史性等特性，不过这些特性在图书馆管理中有其具体的表现形式。整个实践的特性对于不同的实践活动来说是一种共性的东西，而具有这种共性的各种实践活动又表现出不同的特性。"[①] 总体来看，图书馆管理具有以下几个主要特点。

### （一）总合性

所谓图书馆管理的总合性，从空间上而言，它贯穿在一切图书馆活动中，存在于图书馆活动的一切方面和一切领域，凡是有图书馆活动的地方，就有图书馆管理存在。从时间上而言，它与图书馆共始终。随着信息技术的发展，图书馆的形态可能会发生一些变化，传统的纸质图书馆可能会逐渐萎缩，虚拟图书馆、电子图书馆、数字图书馆或网络图书馆将登上历史舞台。只要还存在图书馆活动，不管其形式如何，仍然离不开管理。

### （二）依附性

任何图书馆管理都需依赖于图书馆特定的业务工作。其实际内容和具体形式都无法脱离其他业务活动而独立存在。图书馆管理主要是对特定业务活动的

---

① 李良艳，陈俊霖，孙杏花 . 现代图书馆管理理论研究 [M]. 北京：中国商务出版社，2018：49.

管理，如文献采选、分类编目、书刊借阅、参考咨询、文献检索和情报研究等。这种依附性体现在以下几个方面：首先，图书馆管理的目标必须依托于具体的业务活动才能实现；其次，图书馆管理的过程总是伴随着其他业务活动的进行而展开；最后，图书馆管理的结果则总是融合在其他业务活动的成果之中。

### （三）协调性

所谓协调性，是指调节和改造各种管理对象之间的关系，使它们能相互适应，按照事物自身固有的规律性在整体上处于最佳的功能状态。图书馆管理与其他业务活动不同：首先，从活动的对象来看，一般业务活动总以某个特定的具体事物作为自己的对象，如文献采选以图书馆未收藏的新书、新刊、新报、新光盘等文献载体为对象，分编工作以图书馆已采购回来的新文献为对象，咨询服务以读者为对象等；其次，从活动的任务来看，一般的业务活动都有自己特定的具体任务，它们或者是为了购回本馆读者所需要的文献，或者是为了改变文献的形式特征，或者是为了将读者所需要的文献传递给读者，或者是对读者进行信息检索技能培训，或者是为读者提供咨询课题的解答方案等。

图书馆管理的主要任务是协调人们之间的关系和利益，协调人们活动的状态和过程，使图书馆各种业务活动的要素建立某种有序的优化结构。

### （四）组织性

图书馆管理的组织性，一方面指的是图书馆管理活动总是通过一定的组织（如学校图书馆、科学图书馆、企业图书馆、公共图书馆、工会图书馆等）进行的，这种组织是由进行管理活动的人所组成的一个有序结构。组织是管理的主体，因而任何图书馆管理都是由一定的组织机构（特定的图书馆）去进行管理的；同时，组织又是管理的对象，因为任何图书馆管理都是对一定组织（特定的图书馆）的管理，孤立的个人、离开了一定组织的人，是无所谓图书馆管理的。另一方面，它指的是图书馆管理活动本身就是一种组织活动，"这种组织活动将分散的资源如人力、物力、财力、信息等资源组合起来，形成一个稳定的、能够不断根据客观环境的变化而进行调整的物质和社会双重结构的过程"[①]。

### （五）变革性

管理在本质上是变革活动。管理的特点就是变革——迅速地、不断地、根本

---

① 孙爱秀. 图书馆管理与信息应用 [M]. 沈阳：沈阳出版社，2018：26.

地变革。从现象上看，图书馆管理有保守的一面，它要维持图书馆系统一定程度的稳定，就要用一定的原则、规章制度约束图书馆的成员。但是，保守性、束缚性只是使图书馆获得发展的手段，因而是暂时的、相对的。稳定是运动的一种特殊状态，因为图书馆系统中的人、财、物、信息等要素是不断变化发展的，图书馆系统外部的经济、文化、科技等环境也在不断变化。

## 二、图书馆管理的基本职能

图书馆管理的基本职能主要包括以下五点。

### （一）计划职能

合理规划未来的行动以及未来资源的供给与使用情况，即为"计划"。在确保图书馆按部就班地实现图书馆目标方面，"计划"具有不可替代的指导作用，"计划"的制订使图书馆在面对不断变化的信息环境时能更好地适应，同时，也提升了图书馆在信息环境中的有利地位，甚至将其带入了一个存在不同本质的信息环境。

作为图书馆中的一种体系形式，"计划"的内在层级十分明确，例如，最高层次和总体的长远计划通常被称为"战略计划"；位于中层的、具有较强操作性的计划通常被称为"职能计划与部门工作计划"；而近期的具体计划通常是位于下级的工作计划。

### （二）组织职能

所谓"组织"，是为了实现图书馆目标，为图书馆成员共同工作创造的一个工作关系架构过程，以一种正式的汇报关系和任务关系系统为主要特征，组织结构的产生便是组织的必然结果。在这种系统的作用下，管理者能够为图书馆成员实现图书馆目标提供强大的动力和激励作用，可以说，图书馆在信息产品创造和信息服务的提供方面所需的资源利用效率直接取决于组织结构，其基本职能主要体现在四个方面：其一，合理地组织图书馆内的各项业务活动，从而确保其内在的功能和位置；其二，管理人员授权，这是其职能得到有效发挥的基本前提；其三，管理人员与下级的关系以及下级之间的和谐关系、内在联系的建立，这种关系能够确保工作所需信息在下级之间的沟通顺畅；其四，对于自身所在部门与其他部门之间的关系，以及在影响图书馆经营运作方面，管理人员要仔细检查、精准把握。

### （三）领导职能

对"领导"的理解需要把握两方面的内容：第一是领导现象，作为一种存在于人群中的追随关系，它的本质是影响力体现；第二是领导行为，它是群体中某些成员实施的各种行为的统称，其行为目的在于加速领导现象的出现或使其得到进一步强化。图书馆成员所表现出来的高度积极性和对图书馆的承诺，就是"领导"的结果。其功能主要体现在以下四个方面。

第一，环境适应功能，即当外界环境发生改变时，图书馆内的人和资源要根据"领导"来调整自身的行为以适应环境的变化；

第二，积极性调动功能，在图书馆成员积极性调动方面，"领导"具有重要作用，通过"领导"作用，图书馆成员可以呈现出更加主动的态度和状态，从而有效把握"领导"所创造的发展机会；

第三，人际关系协调功能，该功能的有效发挥是营造良好图书馆工作氛围的重要保障，也是内耗降低的重要影响条件；

第四，督促功能，即对图书馆内成员以既定目标和计划为标准，保质保量地完成职责范围内的工作并进行有效督促。

### （四）控制职能

控制是指根据预设目标，对行为进行反复的跟踪和修正，使自身行为运作逐渐接近预设目标，最终实现预期结果或业绩的过程。由于存在各种不确定性因素，实际行为可能会与预定要求产生偏差，因此，通过控制职能的作用，管理人员可以在图书馆偏离目标过远之前，及时将其纳入正确的轨道。从图书馆的角度来看，控制是为了有效应对这种情况，确保图书馆能够顺利地实现既定目标或业绩。

### （五）评价职能

在图书馆管理实施过程结束后，对其进行全面的检查、比较、分析、论证和总结是至关重要的。这一过程的目的是通过揭示规律性的启示来提升管理水平，以取得更佳的管理效益，并实现管理的良性循环。通过评估图书馆管理的成绩和效果，我们能够吸取经验和教训，为下一轮管理循环提供参考，从而为提升图书馆管理工作水平奠定基础。我们的目标是持续提高图书馆管理工作的水平，确保图书馆能够更好地满足读者的需求，提供高质量的服务。通过经验总结和不断改进，我们可以持续提升图书馆的运作效率和管理水平，进一步推动图书馆事业的发展。

因此，评价既是图书馆管理过程的归宿，又是图书馆管理过程的出发点。它对于加强图书馆管理工作、提高图书馆管理水平起着至关重要的作用。

# 第三节　现代管理理论与图书馆管理

在 20 世纪后期，各类管理理论如雨后春笋般涌现，如战略管理、企业再造以及全面质量管理等。这些理论在各个领域中引发了广泛的关注和反响。

## 一、战略管理与竞争战略管理理论

战略思想在企业管理中的应用开始于 20 世纪 50 年代初，达到高潮是 60 年代以后，到了 70 年代，战略管理已然成为一门独立的学科。组织整体的发展规划是战略管理研究的主要方向，侧重点在教会组织如何在竞争的环境下求生存，怎样在竞争优势上占上风，给组织指明发展方向。战略管理理论受到管理学家的普遍重视，并涌现出一大批管理学者，如美国阿尔弗雷德·钱德勒，于 1962 年出版了《战略与结构》一书；美国管理学教授伊戈尔·安索夫，于 1965 年出版了《公司战略》一书。进入 80 年代，美国著名战略管理学家、哈佛大学商学院的迈克尔·波特教授将战略管理理论的研究推向了一个新的高潮，他出版的两本著作《竞争战略》和《竞争优势》引起了极大的社会反响。90 年代以来，战略管理理论又得到了丰富，基于资源和能力的理论开始被提出。

总之，"战略管理理论是从企业管理的实践中发展起来的，这一理论主要是围绕着企业、产品、市场和竞争对手进行研究和阐述"[1]。图书馆虽然与企业有着本质上的区别，但在现代信息社会，图书馆作为一种公益性事业也面临着诸多竞争。所以，将战略管理理论和竞争优势思想引入图书馆管理领域，对图书馆的发展将具有重要的指导作用。

---

① 　刘春崚.论图书馆战略管理的制定与实施 [J].办公室业务，2013，（13）：115-117.

## 二、再造工程理论

再造工程这一概念来源于美国和其他的发达国家在 20 世纪 80 年代兴起的一场轰动世界的企业再造运动。在当时的年代，企业所面临的外部环境变化很大，买方拥有的权利也很大并形成一定的市场，企业生产什么就买什么的商品短缺现象已经消失。而面对激烈的行业竞争，原有的方式和技术已经过时，所以企业必须及时调整策略，去满足越来越挑剔的顾客以及他们的个性化需求。以前金字塔式的组织结构和根据职能划分的管理体系限制了企业的发展，亟待变革，此时再造工程应运而生。再造工程又叫业务流程重组，英文简称 BPR，它打破了原有的运作方式，对业务流程运作方式的核心进行再思考，并把最基本的管理工作重新改造设计，使得成本和品质以及服务和速度等各方面都有蜕变，效果显而易见。

在图书馆管理中，再造工程理论可以应用于提高图书馆服务效率、优化工作流程、提升用户体验等方面。

流程优化和重新设计：通过对图书馆内部流程进行全面审视和重新设计，可以消除不必要的环节和瓶颈，提高工作效率。例如，优化图书采购流程、借还书流程、馆藏整理流程等。

信息技术的整合：引入先进的信息技术来支持图书馆管理流程，如图书馆管理系统、自动化检索系统、数字化馆藏等。这有助于提高信息处理的速度和准确性，同时减少人为错误。

服务质量提升：通过重新设计服务流程和培训工作人员，图书馆可以提供更加高效和贴近用户需求的服务。这可能包括更便捷的图书借还服务、更快速的图书检索系统、个性化的服务等。

用户体验改善：再造工程理论强调关注最终用户的需求。通过重新设计服务流程，使得用户在图书馆的使用体验更加愉快和便捷。这可以包括提供更好的图书馆布局、增加自助服务设施等。

成本效益分析：再造工程理论也关注资源的有效利用。在图书馆管理中，重新评估各个流程的成本，通过优化流程和引入新技术，可以降低运营成本并提高资源利用效率。

员工参与和培训：实施再造工程需要员工的积极参与和配合。为了确保图书馆管理的成功实施，需要提供员工培训，使他们熟悉新的工作流程和技术。

监控和评估：引入监控和评估机制，以确保重新设计的流程能够持续地满足用户需求，并在必要时进行调整和改进。

总之，通过应用再造工程理论，图书馆管理可以更好地适应现代社会的需求，提高服务水平，提升效率，使图书馆更好地发挥其在知识传播和文化推动方面的作用。

### 三、全面质量管理理论

美国质量管理专家 W. 爱德华兹·戴明为了进一步提升产品的质量，于1950 年前去日本推行"戴明圈"管理思想。这一思想在 20 世纪 80 年代初演变成全面质量管理理论，同时掀起了工商界和公共组织内的一场革命。全面质量管理站到了早期管理理论的对立面。在传统的观念里，成本低是产量提高和扩大市场的唯一途径，全面管理理论恰恰相反，它把成本摆到了次要的地位，重点放到了为用户提供高质量的产品。全面质量管理对顾客的关注度极高，坚持不懈地去改进，力求做到最好。全面质量管理不只看重产品质量，对组织中一切与工作和活动有关的质量问题都极为重视。组织给顾客带来的产品和服务不只是体现在终端产品上，和组织中每一个环节都息息相关，因此，它对组织中各项工作的质量都要求极高。全面质量管理利用统计技术去度量组织中任何一个环节中的变量，再用标准去衡量，发现问题追根究底，最终解决问题。

在图书馆管理中，全面质量管理理论同样具有一定的应用价值，以下是其在图书馆管理中的一些具体应用。

用户满意度管理：全面质量管理强调对客户需求的关注，图书馆作为服务机构，可以通过调查用户满意度，了解用户需求和期望，从而优化服务流程和提升服务质量。

全员参与和培训：全面质量管理鼓励全员参与质量管理过程，包括图书馆工作人员在内。通过培训和激励，员工能更好地理解质量目标，积极参与质量管理活动，提高整体工作效率和服务水平。

流程优化：全面质量管理注重流程管理和优化，图书馆可以通过对各项工作流程的分析和改进，提高工作效率，减少资源浪费，更好地满足读者需求。

数据分析和决策支持：全面质量管理强调数据的重要性，图书馆可以通过数据分析了解馆藏使用情况、读者行为等信息，为管理层提供科学依据，做出更明智的决策。

不断改进：全面质量管理强调持续改进，图书馆应不断收集用户反馈、评估服务质量，及时进行调整和改进，以适应不断变化的用户需求和社会环境。

合作与沟通：全面质量管理倡导组织内外部的合作与沟通，图书馆可以与其他图书馆、学术机构、社会团体建立合作关系，共同提高图书馆服务水平，实现资源共享。

标准化管理：全面质量管理推崇标准化的管理方法，图书馆可以建立和实施相关的标准，确保工作流程的规范性和一致性，提高服务质量。

总体而言，全面质量管理理论在图书馆管理中的应用，有助于建立以用户为中心、追求卓越服务的管理理念，促进图书馆的可持续发展。

# 第四节　现代图书馆管理的常见模式

## 一、现代图书馆的积分制管理模式

在众多行业领域中，积分制管理模式早已得到广泛应用。简而言之，读者积分制是指读者在完成一定时长的阅读后，即可获得相应的积分，并依据积分数量被划分成不同的等级。为了获取更高的积分，用户可以积极回答问题，使自己的积分不断累积。当积分达到一定数量后，用户的等级将有所转变。然而，积分并非始终处于上升状态，如若用户违反某些规定，积分会被相应扣除，若积分持续减少，用户的等级也将随之下降。总体而言，积分制的运用旨在激发更多用户参与活动的热情，并促使他们减少违规行为。

在实施积分制的过程中，我们始终遵循以下原则：

一是确保公平。在制定和执行积分规则时，要始终坚守公平、公正的原则，确保每一条规则都能同样适用于所有用户。这意味着无论用户的身份、地位或其他因素如何，他们都将受到相同的积分待遇，从而保证了规则的公平性和公正性。

二是动态调整。用户的等级不应是完全固定的，而应随着用户行为的改变而有所调整。因此，要遵循动态原则，允许用户按照设定的升级规则提升等级。这意味着用户可以通过积极参与平台活动、增加优质内容贡献等方式提高自己的积分，并相应地提升自己的用户等级。

三是严格监管违规行为。为了维护积分制的健康发展，要高度重视对违规行为的监督和管理。一旦发现违规行为，我们将采取相应的措施，确保违规者受到应有的惩罚，并警示其他用户不要效仿。同时，也可建立举报机制，鼓励用户积极举报违规行为，从而营造一个健康、公正的积分环境。

通过以上原则的贯彻执行，可以在很大程度上确保积分制在操作过程中的公平性、动态性和合规性，为用户提供更好的服务体验。

不少领域现在都大力推广积分制。对于图书馆而言，可以从其他行业的优秀实践当中借鉴经验，然后与自身的行业发展相互结合，实现对于读者的高质量管理，将"人"的价值充分彰显出来，真正让图书馆成为一个充满智慧、充满责任、充满信用、学习至上的快乐场所。

## 二、现代图书馆的"藏、借、阅、咨"一体化管理模式

"藏、借、阅、咨"是一个整体的过程，这一服务机制综合了资料的多个服务流程，我们能够从中真正看出"以人为本"的思维理念。这一转变与之前相比是一次巨大的变革，也是一种管理模式的巨大变革，突出了实用性的价值。它使读者的阅读更为便捷，也使书籍的使用率大大提升，图书馆也因此更加强调读者的作用与价值。此外，一些问题也需要我们后续持续深化探究，尽可能使每一个环节之间的联系更为紧密，逐步完善软硬件设施。从当下来看，一体化管理应该从以下几个方面着手应对。

### （一）具备配套的图书馆建筑环境

"藏、借、阅、咨"是一个整体的步骤与流程，为了更好地实现这一目标，图书馆在建设的过程中就应该做到开间大、格局大，这样才能从基础设施上实现基本的满足。同时，"藏、借、阅、咨"还需要做到优化格局，在整体构造方面尽可能做到充分开放。"藏、借、阅、咨"要想更好地合为一体，首先要保证相同类型的资料放置在一起，不能过于分散，要确保服务质量。读者可以在这一模块内选择自己所需要的书籍，并且可以随意地进行复印或者是浏览。图书馆这样做，其目的就在于让读者能够在图书馆享受到更加便捷化的服务，彰

显出图书馆的人文性。当下，不少图书馆其实在设计的过程中都对国外的图书馆设计进行了借鉴，遵循了相对规范的"模数式"理念，这种设计的优势就在于其空间范围较大，便于加大负载能力，通过巧妙地利用一些现代化技术，能够使布局更加合理，构成完整的空间格局。从"藏、借、阅、咨"一体化建设的角度来看，它实现了对于整体空间的有效利用，同时，在后续的管理过程中也能够更加自由，使服务更加高质量和高水平。

"藏、借、阅、咨"依托现代化的技术来开展，因此，其最终的实施效果如何与先进技术的使用之间有着极为紧密的联系。当前，计算机系统的智能化水平越来越高，它在操作的过程中所发挥的安全保障作用也日益突出。众所周知，越是智能化、电子化的设备，其服务的功能也就越多样和完善，这就使得互联网背景下，读者能够获得的阅读体验更佳。为了有效确保文献资料的安全，图书馆还需要启动检测设备和门禁装置，这是保证一体化顺利开展的根基。除此之外，馆内还装置各种各样的检测终端，其目的就在于帮助读者在最短的时间内获得所需资料的信息，帮助他们对需要的书籍进行预约。同时，利用多媒体设备，读者还可以一边观看视听资料，一边对照纸质书籍，可谓一举两得，十分便利。

目前，"模数式"在我国图书馆建筑方面的应用是极为广泛的，未来其应用范围将会继续扩大。它在实现了灵活变化的同时具有较强的设计感，空间组合更为自由。这种设计的思维使得"藏、借、阅、咨"在未来有了更加广阔的发展空间，也方便进行更加高质量的管理。

**（二）以现代技术条件为基础**

"藏、借、阅、咨"的顺利开展需要借助一定的支撑，而现代技术就是其中不可或缺的重要环节，尤其是在当下高度发达的计算机技术的支撑下，其安全性有了更高的保障。只有在自动化系统足够完善、功能足够多样的基础上，读者能够享受到的服务才更加优质。上文已经提到，有效的监测能够使图书馆内的文献资料被有效地保护，建立在其基础上的后续功能才会日益健全。当下，无论是哪一个领域，以多媒体为代表的现代技术都以其与时代联系的紧密性而备受欢迎，图书馆自身的特征决定了它必须借助现代化的技术来拓展功能、推进转型，这是时代发展对图书馆建设所提出的新诉求。

### （三）拥有相对健全的规章制度与高素质的管理队伍

"藏、借、阅、咨"具有其自身的多重优势，它不仅极度自由，还具有较强的包容性。大开间的格局使读者能够在查阅时更为便利，体验感更好。不过，其中存在的一些问题也不容忽视。比如，对图书造成严重破坏以及不利于管理等。为了有效解决图书馆管理过程中所存在的这些问题，需要有基本的规章兜底。同时，还要将这些规则细分为管理规则、守纪规则、业务规则、浏览规则、借阅规则、赔偿规则以及相关处理规则等。

对于图书馆而言，不仅要在制度方面下功夫，更应该重视继续教育，提升管理者的自我能力和水平。一些管理者的思维很难跟得上时代的步伐，他们的思维过于固化，与时代存在一定的脱节现象。为了使他们更好地顺应"藏、借、阅、咨"发展趋势，发挥好管理与服务的职能，需要通过继续教育帮助他们提升专业素养。

## 三、现代图书馆的联盟服务管理模式

不管是哪一个图书馆，它所占据的文献资源都不可能与读者诉求完全吻合，其中，必然有一部分资源要通过贡献的方式来获得。未来，图书馆行业内发展的一个大趋势便是多个图书馆联合共赢、互惠互利，逐步打造成一个强有力的联盟。不管该图书馆属于哪一种类型，侧重于哪一个方面，它都需要参与这个大的联盟体当中去，因为其力量是单个图书馆所无可比拟的。科技的发展蒸蒸日上，互联网发展突飞猛进，伴随着这些技术而诞生的崭新的图书馆联盟体必将占据行业发展的制高点，成为未来的中流砥柱。

具体而言，联盟服务模式可以细化为以下八个方面：

第一，馆际互借与文献传递。馆与馆之间的联系可以通过多种渠道来进行，用户可以自主完成，图书馆服务当中也包含这项服务。自助借阅需要一定的凭证，读者可以出示自己的证件，然后依照流程进行登记之后便可进行借阅；图书馆代为借阅主要针对的是在本图书馆内对需要的资料进行登记并委托图书馆代借的那部分读者而言的；文献传递就是按照读者所反馈的数据资料，借助传真、文本输送等方式将文献有效输送出去。

第二，统一检索。除了上述功能之外，这种联盟还使异库之间的资源能够被放置在同一个平台之上，读者只要输入自己需要检索的内容，多个电子库中的资源就会分门别类地呈现出来。其中，还包括各种期刊、电子读物等。读者可以按照提示，结合自己的需求进行下载。

第三，参考咨询。在联盟的后台中特别开设了一个问答模块，那就是业内专家针对相关的知识进行的专业解答。一般在问题提出的 24 小时之内，专家都可以给出答复。如果专家在线，还可以进行在线交流这种实时咨询，能够使读者的问题得到有效解答，十分高效。

第四，定题服务与代查代检。这项内容是专门针对特定用户而设计的。由于部分用户对于信息的专业化要求较高，检索时存在一些检索困难，这就需要发挥这一服务的功能。代查代检指的是结合读者所提出的需求，按照他们给定的一些课题词语或者是一些关键性语句来进行检索，检索包括从立项至最终验收整个流程。

第五，科技查新。这是专门针对计算机检索的一种现代化方式，通过大数据分析，结合读者所选择的课题，为他们提供各种信息咨询，这会极大地减少他们的工作量，有效地节约时间。

第六，网上培训。网上培训也是联盟服务当中的重要项目。培训不是单单只针对馆员的，它还针对用户而展开。对馆员进行培训能够帮助他们获得成长，提升专业化能力；对用户进行培训能够让他们更好地了解信息服务的主要内容，便于更好地指导实践。

第七，个性化服务。每一个用户都有其特定的诉求，按照自己需要了解的资料存在的差异，用户可以通过联盟中心进行自主设置，系统会结合用户差异进行个性化推送，这种推送往往是针对性较强的，同时，也与自身诉求紧密相关。

第八，科技评估。科技评估需要借助第三方公司来完成。委托方在完成委托之后，第三方就会按照其目的，依照流程与标准，通过多元化的方式提出操作性较强的对策；可以针对研究成果、研究领域、具体计划、机构设置、人员配备以及科技活动等多个领域进行科学评估。

# 第二章　现代图书馆战略规划与管理

## 第一节　图书馆战略、战略规划与战略管理

在这一充满变化与挑战的年代，战略与战略规划成为图书馆发展需要时刻思考的重要问题，战略管理作为图书馆管理人员所承担的一项主要职能越来越显示出它在组织管理中的重要性。

### 一、概念辨析

#### （一）图书馆战略

已有的图书馆战略定义存在着一定内在联系，归纳起来，图书馆战略可以形成一个概念系统（表 2-1）[①]，是图书馆对内外环境深刻分析后，通过提供参考要点为决策过程和随后的行动起指导作用。图书馆战略要重视过程甚于重视结果，初始阶段的意向战略并不一定就是实践战略。

表 2-1　图书馆战略的定义

| 图书馆战略定义的层次 | 核心要点 |
| --- | --- |
| 图书馆战略是定位 | 强调图书馆应适应外部环境，创造条件，更好地寻求外部支持，进行业务与经营上的竞争或合作 |
| 图书馆战略是长期的指导方针 | 强调图书馆发展的远景目标，是图书馆未来的蓝图，其最重要和本质的特征是全局观念和长远视角，同时重在长期的坚持与继承 |
| 图书馆战略是行动 | 图书馆战略重在行动，否则只是空想。图书馆战略在实践活动中也可以自发产生 |

---

① 柯平，陈昊琳.图书馆战略、战略规划与战略管理研究 [J].图书馆论坛，2010，30（06）：52-57，138.

续表

| 图书馆战略定义的层次 | 核心要点 |
|---|---|
| 图书馆战略是管理系统 | 强调图书馆战略是制定、实施、评价动态循环的系统，需要有合理的法律依据、明确的制定主体、定期的更新 |
| 图书馆战略需要区分意向战略与实践战略 | 现实生活中很少有完全实现意向战略的情况，实践战略或多或少会偏离意向战略 |

### （二）图书馆战略规划

战略规划是一种正式的组织过程，是用于确立长期目标并实施相应手段的仪式性活动。该过程涵盖了组织的使命、发展方向、战略目标以及具体行动方案等要素。在图书馆领域，战略规划的基础建立在对图书馆内外部形势的深刻分析之上，形成经过研究的过程和相应的成果，这成为制定和明示战略的基础。

图书馆战略规划的制定过程与最终文本的呈现不仅是一个过程，更是一个旨在产生有形和无形成果的过程。这一过程包括了战略制定的环节，以及最终呈现为文本形式的实际产物。这使得战略规划既具有可操作性，又呈现为可观看的文本形式，以便更好地指导图书馆的长期发展。

与简单的长期计划相比，图书馆战略规划的独特之处在于其强调与外部发展环境的密切联系。该规划不仅关注目标的制定，还强调图书馆行动将随着外界变化而灵活地调整。这种对外部环境的高度敏感性使得图书馆能够更好地适应不断变化的环境，避免僵化的长期计划所带来的局限。

战略规划的核心思想在于强调行动与外界变化的协调调整，凸显规划过程与规划结果的综合性。这意味着战略规划不仅是一纸长期计划，更是一个灵活的、不断调整的过程，致力于确保组织在不断变化的环境中能够持续取得成功。因此，战略规划不同于简单的长期计划，而是一项更为复杂且具有前瞻性的管理实践。

在图书馆战略规划的制定过程中，必须全面协调各相关要素，其中包括图书馆的战略定位、竞争战略与职能战略以及战略保障这三个关键因素。这三者之间相互关联，构成了图书馆战略规划的基本框架。图书馆战略保障作为基础要素，包括财务分析、部门工作总结与计划等内容，为战略的制定提供可行性的依据，可视为战略管理的起点。

我国图书馆在制定战略时通常采用自下而上的方式，各部门完成工作总结与计划，成为总体规划的基础。战略保障在这一过程中属于内部静态分析的一部分，是战略规划的初级要素。职能战略关注于具体操作政策，需要遵循"具体"原则，明确目标、权责分配、评价指标等方面，是战略文本中具有可操作性的部分，同时也是管理质量评价的依据。而竞争战略则着眼于宏观层面，包括中长期发展和服务创新等方面，必须坚持"锁定"原则，突出核心竞争力，这一点体现在战略规划文本的总体描述中。

图书馆战略定位通过对环境、资源等多方面进行分析，确定了合理的发展方向，需要遵循"舍得"原则，贯穿整个规划过程。在文本中，战略定位主要通过使命描述来体现，它是规划的基石，有助于降低管理者的沟通成本。任何一份图书馆的战略规划都应该包含上述三个因素，其中战略保障作为起点，竞争战略与职能战略进一步增强了规划的说服力，而战略定位则为规划的形成奠定了坚实的基础。这三个因素的协同作用是图书馆战略规划成功实施的保障。

**（三）图书馆战略管理**

战略管理，作为一种新兴的管理思想和模式，其关键在于对组织活动进行动态的引导和管理。其核心在于制定和实施组织战略，将全部管理活动的焦点集中在战略的制定和执行上。图书馆战略管理起源于组织的长期目标，作为整体组织管理的一部分，通过循环管理过程，包括战略分析、制定、实施、评价，以评判和管理组织对外部环境的反应。

在图书馆战略管理中，可分为组织战略管理和职能战略管理两个层次。组织战略关注总体、最高层次的战略，解决核心业务、竞争基础、发展方向等问题；而职能战略由各业务职能部门制定，强调短期目标和计划，以实现业务部门的战略计划。

图书馆战略管理的结构相对简化，由于其组织层次较为简单，不存在全权分支经营机构。组织战略和职能战略相互影响、密切联系，但在管理特点上存在一定差异。组织层面的战略管理注重长期、宏观、高风险、高成本，具有价值取向；而职能层面的战略管理则具有可作业性、可操作性、低风险、低成本的特点。这种分层次的管理方式，使得图书馆能够更全面、有针对性地应对外部环境的变化，实现长期目标和短期计划的有机结合。因此，图书馆战略管理旨在通过动态的管理和合理的分层次管理结构，使得组织能够更加灵活、高效地应对各类挑战和机遇。

## 二、图书馆战略、战略规划与战略管理的关系

战略、战略规划与战略管理是三个相互关联的概念。它们之间的相互作用和内在联系共同促进了组织的战略发展。每个概念都有其特点和在组织管理系统流程中的独特作用。下面将从概念关系和流程关系两个方面，描绘出这三个概念之间清晰的关系模型。

### （一）概念关系

战略思想的根源可以追溯到军事领域，其演变历程涵盖了从军事到工商企业，最终发展成适用于各个领域的战略管理理论。这一历程表明，战略思想已经成为一种普遍适用于管理领域的理论框架。

在这一理论框架中，涉及三个关键概念：战略、战略管理、战略规划。这三者在外延上存在差异，其中战略具有普遍性，成为管理领域的研究对象；战略管理则是战略与管理的融合，旨在有效地管理各种发展、竞争和职能战略；而战略规划则是战略管理过程中的一部分，属于战略制定的阶段，体现为一种态度、工作方式，并被视为主要的管理分析工具。

在图书馆领域，对战略视角的管理应用经历了演进过程。初期，管理者主要通过趋势推测和经验分析制订长期计划，随后逐渐发展为更加系统化的战略规划。然而，近年来，图书馆管理更趋向于采用更广泛的"战略管理"概念，这一趋势超越了传统的"战略规划"范畴。这表明在图书馆管理实践中，更加注重整体性、灵活性，以适应不断变化的环境，将战略管理作为一种更为综合、全面的方法来应对各种挑战。这一演进体现了战略思想在图书馆领域中不断发展和适应的过程。

### （二）流程关系

战略管理阶段的划分在管理学界存在多种观点。一种观点将其划分为战略设计、战略实施和战略评估三个关键阶段，而另一种观点则将其分解为战略定位、战略选择和战略实施三个主要要素。无论采用何种划分方式，战略管理的核心聚焦于两个关键方面，即战略的制定与形成，以及战略的实施。

在图书馆的运作中，战略管理与日常普通管理相互交织，难以在具体工作中清晰地界定。图书馆战略规划作为战略管理的一部分，通过系统化的过程，运用工具与方法来明确定位组织的核心功能，以确保实现重要目标。战略规划

最终以文本形式呈现，反映组织的战略思路与行动计划，成为长期的管理指南文件和组织活动的基石。整个战略管理流程包括战略规划、战略实施和战略控制。战略制定是起点，而实施与控制成为战略活动的重点，其中包括对资源、人才和服务建设等方面的日常活动的有效管理。质量管理和绩效管理被视为战略实施的重要手段，同时也是有效的战略控制方法。通过不断的信息反馈和解决战略问题，支持战略规划的修正与发展。在战略不断修正和发展的过程中，图书馆通过战略管理的实践来确定核心竞争力，从而取得长期竞争优势。这一过程通过不断的修正与发展，使图书馆能够在竞争激烈的环境中稳固地确立其地位。

# 第二节　现代图书馆战略规划的制定

"图书馆实施规划管理能够优化图书馆的内部管理结构，科学合理安排图书馆的各项具体管理工作，还能够为图书馆的全面建设营造良好的文化氛围，从而促进图书馆的可持续发展。"[1] 在实际工作中，图书馆战略规划是馆领导团队的重要职责。在图书馆这一为社会提供公共服务和产品的机构中，馆长必须具备现代图书馆服务理念，并以此为指导，结合当地社会环境和单位实际情况，制定出既符合该理念又符合本馆实际的、科学的、可操作的长期发展目标。在此长期发展目标下，应确定分步实施的具体计划，并落实每个步骤，提供保障目标实施的资源。这样，图书馆和馆员个人才能实现协同发展，使馆员个人能够实现自身的价值。

## 一、图书馆战略规划的启动与准备

图书馆战略规划工作的第一个阶段是启动与准备阶段。虽然这一阶段可细分为规划启动、建立规划组织、相关准备与保障三个子阶段，但在实际工作中，并不能严格区分，因此，下面列出了这一阶段的主要内容与任务。

---

[1]　曹明国. 图书馆实施战略规划管理刍议 [J]. 图书馆工作与研究，2012（09）：31–33.

**（一）明确制定战略规划的动因**

图书馆在设计规划过程时首先要明确图书馆通过规划打算实现的目标。

确定图书馆战略规划动因是一个复杂的工作过程，需要图书馆召开一次图书馆委员会（馆务会或工作委员会），讨论、确定规划启动原因。

图书馆制定战略规划的原因有：①图书馆需要通过制定规划获得更多资源来支持自身的发展；②设计蓝图以帮助图书馆未来 3 ~ 5 年内为读者提供更优质的服务；③为满足读者新的需求设计新的服务和工作计划；④对重要的预算增减做出回应；⑤图书馆行业发展出现新趋势或出现新机遇、新威胁需要进行调整以保持图书馆发展；⑥图书馆的上级主管机构要求制定新规划以及为了保持现有规划的持续发展而制定新规划。所有规划的可能原因都应当列出和讨论。

图书馆在战略制定过程中可参考回答几个问题，有助于明确规划的原因：①谁来决定我们应该做出这个规划？②启动这个规划的明确理由是什么？③在启动这个规划的理由中，是否存在尚未说明的理由？如果有的话，那么这些理由是什么？④是否还有别的原因让我们制定这个规划？⑤这个规划进程最重要的成果是什么？⑥这个规划可能有何其他积极成果？⑦这个规划是否会产生负面效果？⑧如果这个规划还有潜在的不利因素，那么怎样减少或者消除这些因素？⑨如果这个规划以失败告终，那么它的后果和负面效应是什么？⑩如果我们现在不能启动这个规划进程，那我们应该何时启动？

**（二）战略规划的形成方法**

根据不同的图书馆工作人员介入战略分析和战略选择工作的程度，可将战略规划的形成方法分为自上而下、自下而上、上下相结合、战略小组四类。

1. 自上而下

自上而下的方法是由图书馆的高层管理人员先制定总体战略目标，然后再由图书馆各部门根据自身的实际情况将图书馆的总体战略具体化。这种方法有利于图书馆的高层管理者牢牢地把握图书馆整体的发展宗旨和目标，但它束缚了图书馆中层干部和普通工作人员的积极性和创造性。

2. 自下而上

这是一种先民主后集中的方法。在战略制定过程中，图书馆高层管理者在各部门提交的部门目标的基础上，加以协调和平衡，对各部门的战略目标进行整合、修改，形成图书馆的总体战略目标。这种方法集思广益，有助于充分发挥图书馆各部门和各级管理人员的积极性和创造性。同时，战略目标若具有广泛的群众基础，在实施过程中则有益于获得大家的认可和支持。但这种方法难以协调各部门的使命，影响高层管理者对图书馆整体的、前瞻性发展目标的把握。

3. 上下相结合

这种方法是指在目标制定中，图书馆的高层管理者和中层干部以及普通工作人员共同参与，通过集体研讨和小组讨论这种常见的方式，上下级人员共同沟通和磋商，制定出适宜的目标。这种方法可以产生较好的协调效果，有助于使命的实现。

4. 战略小组

由专门的图书馆战略规划制定小组负责编制战略初稿，然后通过由图书馆高层管理者和馆员代表参与的座谈会，征求修改意见，逐步完善，形成最终稿。这种方法的目的性较强、效率较高。

每种战略制定方法各有优缺点，图书馆可以根据自身的组织结构、规模等选择合适的方法。

### （三）选择战略规划制定的机构

图书馆应作为编制战略规划文本的首要机构。同时，也可以由图书馆与外部机构联合制定，或者依靠上级部门，并可适当考虑借助各级图书馆学会的力量，甚至可以尝试借鉴国外由议会、基金会、个人等参与制定规划的做法。在战略分析、制定，甚至实施与评价阶段，需要成立专门的战略规划小组，以负责战略规划各项工作的开展。

### （四）成立战略规划组织

图书馆战略规划组织主要涉及确定组织成员来源与规模、各方职责、委员会工作原则与方式、由谁负责规划工作等内容。

1. 确定组织成员的来源

成立图书馆战略规划委员会主要对规划的总体方向、使命、愿景、战略目标等问题的确定起引导作用。

委员会成员除了本馆馆长、中层干部、馆员代表及图书馆馆务委员会代表外，还应考虑从图书馆主管部门、读者等利益相关群体中选取代表，广征意见，以扩大图书馆规划视野。

选择委员会成员时除了考虑人口学特征外，还要综合考虑他们的工作经验

（如战略规划经验）、技能特长（熟练计算机技术、相关统计软件）、思维特征（如思维活跃、具有创新性）等因素。

在战略规划制定委员会下需要常设一个战略规划工作小组，具体包含总体负责人、具体管理者、资料收集人员、咨询人员、审核讨论人员、子目标负责人员、文本形成人员、联络人员等，负责战略规划制定的各项具体工作。

2. 确定规划委员会的规模

在确定规划委员会的规模时，需要充分考虑以下两个主要因素：

首先，委员会的成员应具有代表性，能够涵盖持有各种观点的人士以及图书馆服务社区的各个阶层代表。这样可以确保委员会在制定规划时能够充分反映不同群体和社区成员的意见和需求。

其次，委员会需要保证高效和精干。在确定委员会成员数量时，应根据图书馆的规模及其他相关因素进行适当考虑，以确保每个成员都有足够的发言时间，并能够实现有效的工作。委员会的规模不宜过大或过小，要确保既能满足工作需求，又不会造成不必要的资源浪费。规划委员会的人员数量应以 9 ～ 20 人为宜。

3. 确定战略规划制定负责人

图书馆战略规划制定的负责人主要可以从外部聘请专门的战略规划顾问、图书馆业界专家或从图书馆馆长及图书馆管理者中选取。

聘请专业的图书馆战略规划顾问或经过培训的图书馆顾问这种做法在国内并不实际。因此，借鉴国外经验并结合国内实际，图书馆在战略规划制定过程中，可根据规划委员会规模、以往战略规划经验、组织氛围、组织结构等因素来考虑如何选择战略规划制定负责人 / 主持者。

对于规模较小、组织结构较为简单的图书馆可直接从图书馆内部选取，如直接由馆长、图书馆馆务委员会成员或推选的业务部门主任负责。

对于规模较大、组织结构较为复杂、组织氛围较差的图书馆可考虑聘请顾问对战略规划制定过程进行指导，如关注战略管理研究的图书馆学专家、图书馆上级主管部门负责战略规划制定的人员等。

4. 明确各方职责

图书馆战略规划中涉及的人员主要有图书馆工作委员会、馆长、其他馆领导、图书馆规划委员会、部门主任、员工代表、普通工作人员、咨询顾问、上级主管领导、读者代表以及其他人员等。

（1）馆务委员会或工作委员会：图书馆的馆务委员会在图书馆战略规划制定过程中，一般承担以下任务：听取图书馆馆长对已有规划、图书馆发展概况的报告，并对规划进程、规划参与人员、组织保障等准备方案进行审议、修改。对确定的图书馆使命、愿景、战略重点、战略目标、任务等进行审议、修改、提供建议。委员会需要对图书馆最后制定的战略规划及实施过程中的年度计划等进行审议、修改和批准或拒绝。

（2）馆长：在战略规划准备阶段承担战略规划委员会的组建、合理授权以及规划进度安排、组织保障等职责。在图书馆使命、愿景、战略目标、任务方面，馆长主要承担前瞻性预测、给予指导、提供建议等任务。总之，馆长在规划过程中有四项主要任务：提出目标任务和发展思路、听取咨询意见、进行激励和加强沟通交流。

（3）规划委员会：图书馆战略规划委员会作为承担图书馆战略规划分析与制定任务的专职部门，从创建之初便全程参与，其负责各项议题的组织、开展以及规划结果的修改、整理。图书馆战略规划需要组建一个特定的战略规划工作小组，具体包含规划制定负责人或促进者、具体管理者、资料收集人员、文本编制人员、联络人员等，并可邀请专家、馆长或主管业务的副馆长作为负责人，在规划制定中发挥重要的领导作用。总体而言，战略规划委员会职责包括：收集并评估外部宏观信息以及内部环境变化信息；对前期制定的规划进程与具体工作安排等准备活动进行调整、修改、确定；与各职能部门进行沟通，确定图书馆战略目标体系；筹备图书馆内部咨询与管理审核活动；负责战略规划文本草案的形成、意见征集、修改等；向馆长、上级主管部门提供战略规划进程数据与最终文本。

（4）部门主任：主要负责在战略准备阶段辅助馆长成立规划组织、制定时间进度、经费预算等工作；对本部门大型投资项目、新兴服务种类进行建议和可行性分析；提供战略目标、任务清单供规划委员会成员讨论、选择；提供部门月度、年度内部管理资料；参与战略规划讨论，对战略规划文本修改提出建议。

（5）图书馆工作人员代表：加入战略规划委员会，参与战略规划的制定工作，协助收集、分析与图书馆发展相关的数据，还可作为战略规划制定小组中的联络员，具体负责委员会会议筹备、会议记录、联络参会人员、转发相关资料等工作，并为图书馆使命、愿景及战略目标、任务的制定提供发展建议。

（6）普通工作人员：主要是作为图书馆战略规划修改与完善的战略咨询者，通过日常一般工作人员会议、邮件、论坛等形式，平等、自由地参与委员会的讨论中，为图书馆确定的战略重点、使命、愿景、任务与行动计划清单、战略规划文本草稿等提出反馈意见。

（7）咨询顾问：通过提供配套的管理工具来引导、协助规划活动的专业人士，在图书馆战略规划制定过程中为战略规划的制定工作全程提供指导。

（8）读者代表：在图书馆战略规划制定中主要是以图书馆开展的读者调研、读者意见反馈的形式间接参与，为图书馆提供需求数据，为图书馆明确战略重点提供基础；同时，通过参与读者代表会、座谈会、听证会、论坛等形式，为图书馆确定的战略规划文本提出修改意见。

（9）其他：包括图书馆相关的友邻部门、机构，这些群体或个人对战略规划的参与程度虽然不高，但在规划分析和文本编制的意见征询等环节中的重要性不容忽视。

5. 对规划制定人员进行培训

了解图书馆战略规划参与人员是否具有战略概念与观念，能否主动从战略高度考察各种问题，能否坚持战略规划的实施使其达到预期效果。

以馆长为代表的图书馆核心领导战略意识的培养是一项长期学习过程，具体包括基本的战略思维锻炼、战略制定技能与战略实施评价手段等多方面的观念准备。可以通过日常学习、集中培训、馆际交流等多途径实现观念准备。

对图书馆工作人员战略意识的培养，可考虑在战略规划启动之前，以组织"图书馆发展大讨论""假如我是馆长"等战略研讨的活动形式，调动工作人员的战略意识。

图书馆需要把自己的战略意图、战略制定理念传递给文化主管部门、读者和具有业务合作的其他部门等。通过馆内宣传、网站公示、讲座、活动招标等形式，逐步向读者介绍本馆历史、本馆发展等问题，争取读者的配合；通过日常业务交流、座谈等形式向主管部门表达自己的发展意愿，以获取支持。

同时，还要求图书馆专家或战略规划顾问对战略参与人员进行一次集中培训，使参与人员对图书馆战略规划背景、制定流程、具体步骤、注意事项等有所了解。

### （五）制定规划时间表

关于我国图书馆战略规划期限，可分为短期、中期和长期。图书馆战略规划期限可考虑选择 5 年为规划周期的中期发展规划。图书馆可结合本馆实际具体考虑设置年度或 1 ~ 2 年中短期的行动计划和监督测评，逐步推进本馆的中长期规划的实施。图书馆还要在 5 年中长期规划的基础上明确前瞻性战略目标，考虑制定未来 10 ~ 20 年的长期战略发展规划。

在图书馆战略规划实践中并没有明确统一规划制定的时间跨度，但应注意，制定规划的周期不能太长，让规划制定人员看不到自己努力的结果；也不能太短，使得规划不具备战略性。在我国图书馆战略规划制定过程中可考虑选择制定 4 ~ 6 年为规划周期，各类型图书馆可结合本馆实际情况进行适当的压缩或扩展。

此外，由于战略制定过程中有时会出现应对紧急变化的临时会议，以及反常修改战略规划文本等，这就需要在制定规划进度表时，应该保证有充足的时间开展战略规划流程，并预留一些时间。

### （六）安排规划制定过程中的会议

1. 确定会议次数与主题

图书馆战略规划制定过程中，需要召开多次会议，针对规划中某些具体任务进行讨论、征求意见、审定。

规划制定过程中至少要召开 3 ~ 4 次会议，一次战略规划启动会议，对战略规划相关准备工作进行讨论，开展任务分工安排等工作。

有关图书馆环境、需求与发展分析，图书馆使命、愿景、战略重点、战略目标等的选择与确定等工作的开展，需要以会议的方式集中讨论。

关于战略规划文本的征求意见、讨论、审定等工作，需要通过会议的方式进行。各图书馆可根据本馆实际情况适当安排会议。

2. 选择会议地点

图书馆战略规划会议的召开地点应选在图书馆内或图书馆外。如选择在图书馆内召开会议，此方式因方便图书馆工作人员参会且能节省经费，因此被普遍采用；如果图书馆内没有合适的会议室用来有效开展规划工作，可考虑选择一些远离日常工作干扰的外部地点，重要的是确保每个委员会成员都清楚了解会议地点，特别是关于会议室的名称或号码的信息。

3. 战略规划会议的筹备

每次会议召开之前，必须有专门人员对会议召开需要的各种材料、会议安排等进行筹备。

**（七）确定战略规划保障**

图书馆战略规划的顺利制定除了需要基本的人力、时间支持外，还需要充足的财力、良好的文化基础及有效的沟通计划。

1. 制定预算表

战略规划编制同样涉及成本问题，确定战略规划制定成本预算有利于统筹管理整个战略规划制定过程，减少不必要的支出，控制战略规划质量。

2. 制订沟通计划

图书馆在制订沟通计划时，必须认真思考以下问题：哪些信息需要传达给哪些人？为什么他们需要这些信息？他们目前已经了解哪些信息？他们还需要了解哪些信息？何时需要了解这些信息？通过什么渠道或方式进行传达？同时，还必须确定由谁来传达这些信息。通过解决这些问题，图书馆可以确保其利益相关者能够随时全面了解战略规划制定委员会的进展和方向。

为了更有效地与图书馆员工进行沟通，一种最有效的方法是为全体员工召开一系列规划进程的基本情况介绍会。这些介绍会应围绕规划的原因、进度、阶段成果、时间、人物等要素展开，以确保员工对整个规划过程有全面而深入的了解。

同时，图书馆必须保证战略规划制定委员会的成员能够随时了解规划过程的状态，这可以通过及时将相关的资料与信息传递给各委员会成员来实现。

此外，及时征求图书馆工作人员的意见也是非常重要的。一种简单而有效的方式是建立一个战略规划交流平台，该平台应提供规划过程的简要介绍，并根据规划流程的不同阶段设置子网页。每个子网页都应提供该阶段的相关信息，以确保员工能够随时了解整个规划过程的进展情况。

## 二、图书馆战略规划的分析

图书馆战略规划的第二个阶段是分析阶段，这一阶段可细分为历史回顾、调研分析、战略方向推导三个子阶段。

## （一）历史回顾

在这一子阶段，应对已有规划进行回顾与总结，目的是研究图书馆已有的发展基础、现有的服务项目与发展方向及本机构的独特性，以便找出图书馆在寻求发展的过程中可以吸收与借鉴的信息。该阶段主要从前一规划已经实现哪些目标、还有哪些目标未开展、哪些中途终止、哪些开展了尚未完成、进行到何种程度、战略目标实施的成功经验与失败原因、尚未完成的战略目标以及当前的机遇等方面展开。

## （二）调研分析

在这一子阶段，主要是进行调研和分析工作，在调研和数据处理的基础上，进行综合分析。综合分析包括环境分析、需求分析和发展分析三方面。

1. 调研对象与数据收集

读者和馆员是最为重要的两类调研对象，图书馆同类服务部门和上级主管部门也应受到重视。

具体信息的种类与获取渠道有很多种，详见表2-2[①]。

**表2-2　数据收集种类与途径**

| 收集数据分类 | | 获取途径 |
|---|---|---|
| 宏观环境数据 | 国民经济、文化、教育、新闻出版等数据 | 报刊、影视、专业网站、年鉴，官方的工作年报、政府公告、白皮书、资料汇编等出版物 |
| | 相关制度规程（如教育、文化等领域的各类规章、条例、法规） | 官方网站、政府公告、白皮书、资料汇编等 |
| | 技术发展数据 | 实地考察先进图书馆、图书馆行业技术发展介绍、技术公司的介绍性数据等 |
| 行业环境数据 | 国内外图书馆发展状况、本地区乃至全国图书馆联盟发展状况 | 国内外行业发展报告、图书馆事业发展报告、图书馆行业统计数据、图书馆发展年鉴、图书馆专家的会议报告、同行业者的访谈、实地观察、委托咨询公司调查等 |
| 需求数据 | 读者需求数据 | 读者问卷调查、读者座谈、网络交流、读者图书馆利用习惯、读者满意度调查数据等 |
| | 母体机构发展的需求 | 母体机构的发展报告、战略规划、政策条例等 |

---

① 柯平. 图书馆战略管理 [M]. 北京：海洋出版社，2015：63.

续表

| 收集数据分类 | | 获取途径 |
|---|---|---|
| 图书馆内部环境数据 | 图书馆资源数据 | 人才队伍、馆藏资源、建筑设施、财政收支数据等 |
| | 图书馆服务数据 | 服务时间、办证率、读者数、开展业务活动总结、分馆建设数据、图书馆服务绩效、网络服务与手机图书馆使用数据等 |
| | 图书馆组织管理数据 | 图书馆规章制度、组织结构设置、图书馆业务系统内管理数据等 |
| | 组织内部观点数据（图书馆员工对未来愿景的展望、对战略方向的建议、对发展现状的评价等） | 研讨交流会议、网络论坛、公共邮箱、电话访谈、现场交流等 |
| 战略规划指导数据 | 图书馆行业相关标准 | 图书馆评估、服务、用地、建筑、文献资源建设等标准 |
| | 相关战略规划文本与研究 | 图书馆战略制定相关研究成果、图书馆战略制定手册、国内外同类型图书馆的规划文本、上级部门的发展规划文件、政府颁布的本行业的中长期发展纲要等 |
| 其他 | 根据各馆情况自行确定 | |

各图书馆在数据收集阶段并不需要收集上述的全部数据，而是要结合本馆实际有选择地收集。在数据收集阶段：首先，要选择合适的负责人，该人应该对图书馆内部部门、工作流程较为熟悉，同时对图书馆外部环境变化有较强的洞悉能力，并且对 Word、数据库、统计分析软件较为熟悉；其次，要选择最简单、实用的方法收集数据。

收集数据中要注意的事项：①要多利用其他组织已收集、整理过的数据；②提前明确收集的每条信息将要发挥的作用；③允许有足够的时间思考和整合获取的数据；④保持环境的持续监测；⑤收集比实际需求更多的信息。

2. 数据处理

一方面，需要利用 SPSS、Excel 等工具将所得的数据加以整理、归类、简化或绘制成图表，采用平均数、标准差、相关系数等进行描述性统计，以此反映相关变量的现状。

另一方面，可对相关数据进行推断性统计，即用概率形式来推断数据之间是否存在某种关系及用样本统计值来推测总体特征。推断性统计包括总体参数估计和假设检验，最常用的方法有 Z 检验、T 检验、卡方检验等。描述性统计在图书馆领域运用得较为广泛，战略规划分析的大部分统计数据均以描述性分析为主。推断性统计较为复杂，对数据要求较高，但能够发现数据之间的内在联系，帮助找出解决问题的方案。战略规划制定数据分析中，是采用描述性统计还是推断性统计，应视具体的研究目的而定，如研究的目的是要描述数据的特征，则需用描述性统计；若还需对多组数据进行比较或需以样本信息来推断总体的情况，则需用推断性统计。如对图书馆的读者入馆率、馆藏增长数量、员工数量等数据进行分析时应采用描述性统计分析方法；若还需要考察近年内图书馆的投入产出的关系，则需要采用推断性统计，如图书馆投入与产出的回归分析等。

3．环境分析

（1）内部环境

内部环境分析的基本宗旨是对图书馆的现状进行诊断，确认现状有哪些优势、哪些不足。内部环境的分析通常包括以下方面：一是服务。服务包括当前开展了哪些服务、这些服务的对象是谁、这些服务取得的效益怎样、哪些区域的服务还存在空白、哪些服务还需要深入等。二是馆舍。馆舍包括具体馆舍面积、阅览座席等。如果一个图书馆通过对服务的分析发现在展览和讲座方面还需要扩大和深入，那么就要考虑场地的问题。三是馆员。具体指标包括馆员数量、专业馆员结构比例、馆员的学历水平、馆员的专业背景、馆员的性别比例、馆员的特长等。通过对现有人才队伍结构的详细了解可以为战略的制定提供真实的材料。例如，一个图书馆想要在参考咨询服务上有所突破，就要考虑到现有馆员的学科背景。四是馆藏。包括现在馆藏资源的种类、数量、新旧程度等。五是经费。包括当前的财政拨款、经费的利用情况、经费是否存在缺口等。

（2）外部环境

外部环境分析是诊断图书馆所处的社会环境，分析出面临的威胁和机遇，具体分析因素如下。

经济因素：图书馆的发展与社会的经济水平、自身所处地方的经济水平密切相关。一方面，图书馆作为全额拨款的公共服务机构，它的发展依赖于政府的投入量；另一方面，经济发展与当地人口素质和劳动者技能高低密切相关，而人口素质与民众的受教育水平又息息相关，同时，受教育水平在很大程度上影响着当地民众的阅读能力和阅读需求量，进而影响人的素质和经济发展水平，这是一个不断循环的过程。此外，经济发达了，随之而来对信息的需求也就更多，这会刺激包括图书馆在内的信息交流机构。因此，对所处区域经济状况的分析至关重要，值得一提的是，在分析经济状况的同时也要关注地方政府对文化的投入程度及未来的相关政策。

文化因素：作为为公众服务的图书馆，它所处区域的社会环境对图书馆服务效益有潜移默化的影响，地方文化在很大程度上决定着社会成员的生活方式、思维方式、价值观念及行为准则等。文化因素一方面影响着图书馆本身的职业发展；另一方面决定着民众对图书馆的认可、依赖程度。

技术因素：作为以信息为主要资本和产品的图书馆，新兴的技术对图书馆产生了巨大的影响，尤其是信息技术。有些信息技术为图书馆的服务、管理带来了便利。

人口因素：所处区域的人口特点，如年龄构成、性别构成、人口素质、人口增长情况等都是图书馆读者群的特征。

需要注意的是，环境分析要有综合思维，图书馆要特别重视内外环境相结合的分析，这种分析中应用最多的就是 SWOT 分析法。

4. 需求分析

需求分析主要对读者需求、读者满意度、读者对图书馆的服务期望、图书馆服务区域或机构的需求、母体机构对图书馆发展的期望等的调查或访谈数据，进行分类、统计。

图书馆战略规划委员会需要对需求数据进行讨论，明确图书馆服务对象当前和未来一段时期内最迫切的需求，可以从"当前图书馆的读者构成（包括年龄、学历、职业、收入等人口学特征）是什么样子？在未来几年内是否会增加新的读者群体？这些新的读者群体将会产生何种新服务需求？读者最迫切的需求是什么？读者对图书馆哪方面最为满意或最不满意？当前图书馆服务区域内的人们都是从哪些渠道获取信息资源的？读者对图书馆未来五年或十年的服务期望是什么？图书馆的母体机构要求朝哪个方向发展？"等方面进行讨论，并将讨论结果一一记录下来。

5. 发展分析

发展分析的主要目的是对收集的图书馆的行业发展趋势、地区发展趋势等信息进行整理，同时对图书馆自身发展特性进行分析，提出适合自己的发展思路。

发展分析的主要工具有焦点小组讨论法和关键成功因素分析法。

图书馆的发展分析中要注意以下几点：

第一，要强调根据收集的宏观环境数据，对图书馆外部的政治、经济、技术、政策法规等的发展和变化对图书馆未来发展产生的影响进行预测。

第二，要根据收集的图书馆行业发展数据，重视对国内外同类型图书馆的发展趋势进行分析。

第三，要结合需求数据和图书馆内部统计数据，注重对图书馆未来自身发展特征的分析。图书馆的发展分析对分析者具有较高要求，他们必须具有前瞻性战略思维，对图书馆行业发展趋势有独特的思考。

在此分析阶段，除了图书馆规划制定委员会成员集中讨论之外，如有可能可开展几位相关专家的访谈，以便较为准确地把握图书馆的未来发展趋势。

### （三）战略方向推导

根据数据分析结果，图书馆现有的能力、资源与服务需求的匹配推进发展方向进而细化成图书馆的发展愿景。然后，图书馆再根据确定的新规划周期内致力满足的需求做出需求响应，进而逐条形成图书馆功能列表。经过讨论与分析，功能列表最终形成目标体系。

战略选择主要是图书馆通过 SWOT 矩阵来确定如下四类战略；SO（优势—机会）战略，即依靠内部优势去抓住外部机会的战略；WO（劣势—机会）战略，即利用外部机会改进内部劣势的影响；ST（优势—威胁）战略，即利用图书馆优势去避免或减轻外部威胁的战略；WT（劣势—威胁）战略，即克服劣势、避免威胁的战略，并结合图书馆未来发展预测、用户需求等进行战略选择，最终选择适合图书馆自身的战略。

1. 确定图书馆的愿景、使命和价值观

战略使命来源于战略意图。战略意图是指充分挖掘企业的内部资源、能力和核心竞争力，以便在竞争环境下实现企业目标。战略过程会使组织确定众多的目标，在这些目标中，如果有一个雄心勃勃或非常有野心的目标，让组织坚持不懈地追求，集中所有的资源和竞争活动去实现这个目标，那么这个组织就展示了它的战略意图。因此，战略意图可以被认为是一个"大的、令人不安的、大胆无畏的目标"，通常需要很长时间才能实现（可能要 10 年或 20 年）。组织的战略意图能够使其变成公认的行为领导者，导致现有的行业领导者退位，传递在行业（或世界）任何组织中最好的顾客服务，或者把一项新技术转变为能改变人们工作和生活方式的产品。

与战略意图针对企业内部不同的是，战略使命针对企业外部，描述了一个企业的目标及所从事的生产领域和市场范围。一个有效的战略使命面向所有的利益相关者，决定企业的独特性，并且鼓舞人心。战略意图和战略使命共同带来公司设计和实施战略所需的远见卓识。

2. 确定战略主题 / 重点

战略主题 / 重点是指组织为实现愿景而确定的新战略规划周期内的重点发展领域。战略主题 / 重点是由战略规划人员根据确定的图书馆愿景、使命以及确定的角色列表讨论而形成的对图书馆发展方向的陈述。

战略主题 / 重点的表述要行文高度简洁、概括，条目不宜太多，一般 3～6 条。

## 三、图书馆战略规划的制定与发布

战略规划的制定与发布阶段是在上一阶段目标体系形成的基础上，通过战略选择，确定总体战略和业务战略，形成战略方案。这一阶段主要包括形成战略方案、文本编制、规划审定与发布三个子阶段。

### （一）形成战略方案

1. 制订行动计划

制订行动计划是图书馆战略方案的核心部分，它包括一系列具体的任务和目标，以及实现这些目标所需的步骤和时间表。

确定战略目标：首先需要明确图书馆的战略目标，这些目标应该与组织的愿景和使命相一致。例如，如果图书馆的目标是提高读者的满意度和增加借阅量，那么行动计划就应该围绕这个目标展开。

分析现状：在确定战略目标之后，需要对当前的状况进行分析。这包括了解图书馆的资源、人员、读者需求等方面的现状，以及分析存在的问题和挑战。

制定行动步骤：根据现状分析和战略目标，制定具体的行动步骤。这些步骤应该明确每个人的职责和时间表，并确保所有的步骤都符合法律法规和道德标准。

确定衡量标准：在制定行动步骤的同时，需要确定每一步的衡量标准。这些标准应该与组织的战略目标相一致，并能够量化或质化地评估行动计划的效果。

制订应急计划：在行动计划中，还需要制订应急计划，以应对可能出现的问题和风险。这些风险可能包括资金短缺、人员流失、读者投诉等问题。

定期评估和调整：行动计划不是一成不变的，需要根据执行情况和反馈信息进行定期评估和调整。评估的目的是发现问题并及时纠正，以确保行动计划的有效执行。

这些步骤是相互关联的，需要根据实际情况灵活调整。

2. 整合优化战略目标体系

图书馆战略规划是一个长期策略的制定与实施的体系，由战略重点、战略目标、任务和行动计划等部分构成，自上而下呈现出由宏观抽象到微观、具体的战略思维。前面战略目标体系的各部分已经分别形成了，现在需要将它们组合在一起。由于规划过程的主观性、非线性等特征，因此，需要以全局的视野和统筹的思维对战略目标体系进行优化，对战略行动计划、任务和目标进行重组、调整和排序，确保整个战略规划的有效实施。目标体系的整合优化需要由战略规划制定小组负责，图书馆各部门主任和普通工作人员参与讨论。

3. 专项规划

除了战略规划以外，还有些图书馆会制定一系列专项规划，如信息资源建设、人力资源建设、基础服务等专项规划。专项规划并不是每个图书馆必须制定的，各图书馆可根据已制定的战略目标，结合本馆实际状况，有选择地制定专项规划。

专项规划一般作为单独的规划文件，为实现图书馆的战略规划服务，需要与战略规划进行有机的结合，每个专项规划应支持战略规划中至少一个目标的实现，或为其实现提供条件。制定专项规划一般采用与战略规划制定相似的方法，也应该包括相应的具有可操作性的行动计划。

图书馆在制定专项规划时应注意以下问题：第一，要对图书馆已制定的总体战略规划进行充分的考虑，以保证专项规划能够体现图书馆的总体战略和重点需求；第二，要鼓励图书馆领导和管理者参与，避免专项规划只体现少数人的想法，难以体现图书馆战略；第三，制定过程中要开展广泛的咨询，以保证规划相关人员的理解，获得他们的支持；第四，需要对图书馆相应的资源进行准确评估，以保证专项规划的可行性；第五，需要对其他相关的专项规划进行充分考虑，避免各专项规划之间各自独立，难以协调统一；第六，要有规范、合理的批准程序，专项规划是通过图书馆领导和专项规划制定部门之间上下多轮讨论批准，以保证其与总体战略统一、协调。

**（二）编制战略规划文本**

1. 战略规划工作小组开展工作并讨论

战略规划工作小组的主要职责是负责战略规划文本的起草和研制工作。该工作小组通常在第一阶段就已经成立，并在本阶段将工作重心转移到汇总各类分析材料，提炼核心内容，集中讨论形成战略规划的基本框架。为了确保文本起草工作的顺利进行，需从战略规划委员会成员或图书馆员工中挑选一位具备丰富写作经验，理解、思考、吸纳各方评论和建议能力的人负责初稿的起草工作。此人必须曾参与战略规划制定的前期工作。

2. 形成战略规划讨论文稿

经过研究，可以形成图书馆战略或战略规划的讨论文稿，它不仅是战略讨论的结果，也是下一步正式制定战略规划的基础。

3. 拟定规划文本初稿

将战略规划制定过程中确定的使命、愿景、战略目标、任务、行动计划整合在一起，然后再将战略制定人员、制定过程、图书馆现状回顾等信息适当整合到文本中形成文本初稿。

**（三）审定与发布战略规划文本**

战略规划文本起草完成后，需要进行修改与批准，然后进行发布。

1. 文本修订

文本初稿形成后，需要经过多轮修订。首先文本编制人员进行修改，剔除错字、病句；然后分别提交给馆长和战略规划促进者进行修改；最后将修改过的文本传给规划委员会的每位成员，如有必要再次进行修改。

2. 广泛征求意见

通过图书馆员工大会、网络发布、馆内公示、通告等渠道向图书馆工作人员、图书馆馆务委员会成员、读者等利益相关群体广泛征求修改意见，寻求各方的支持、认同。

3. 修改定稿

在修改过程中，可根据各方给予的修改意见，对规划文本进行有针对性的修改。

4. 审定和提交

经过审批后，战略规划才能予以公布，因此，该环节显得尤为关键。在国外，图书馆理事会通常负责审定战略规划，并将其提交给上级主管。值得注意的是，图书馆战略规划的批准主体因不同类型和规模的图书馆而异。在我国图书馆，可以通过召开图书馆馆务委员会扩大会议对文本进行审定，再向上级提交以获得认可。

5. 战略规划发布

规划制定完成后，必须立即进行发布与宣传工作。为了更好地进行发布与宣传，必须对规划文本进行形式化加工，包括确定文本的格式、内容、排版等。还要考虑设计一些重点突出规划使命、愿景与战略目标的图文并茂的简报、活页、手册等，以便图书馆利益相关者能迅速、准确地掌握图书馆战略规划重点，便于战略规划的宣传推广。

# 第三节　现代图书馆战略管理的实施

战略实施是战略管理过程的行动阶段，比战略制定阶段更为重要。

## 一、图书馆战略实施概述

### （一）图书馆战略实施的意义体现

战略不仅仅是一个出色的想法和一份书面声明，它的真正意义在战略实施过程中得到体现。换句话说，如果没有或不能实施战略和战略规划，那么它就仅仅是理论上的空谈，最终导致管理工作的失败。战略实施是一门科学和艺术，因为它将战略从计划转化为行动，并进一步转化为实际结果。与战略制定相比，战略实施是一个更为复杂和难以控制的过程。

战略规划制定是以思维活动为中心，是由少数具有分析能力的参与人员从事的、具有创造力的活动；而战略规划实施则以操作活动为中心，是组织内部全员参与的、以效率和执行力为标志的活动。

对图书馆来说，仅仅有了战略规划还不够，因为图书馆通过战略制定仅仅解决了哪些事情该做、哪些事情不该做、这些事情应该怎样做的问题，而只有实施，才真正确定该做的事情是否做了，而且是否按照原来的战略规划去做了的问题。

另一个值得注意的问题是，战略规划实施不只是馆长的事情。由于规划的实施业务范围涉及图书馆各部门甚至各个岗位，因此，必然需要依靠各级的参与，调动各部门和全体馆员的主动性和积极性。馆长在战略规划实施中起着十分重要的领导作用，各部门负责人要明确任务范畴，具体包括两个问题：一是规划实施方案中哪些是本部门必须承担的任务；二是规划实施方案中哪些是本部门需要配合其他部门完成的任务。在明确任务后，接着要考虑的：一是如何组织实施，有无本部门的具体实施计划；二是如何采取行动，完成具体的任务，并注意任务间的衔接。

### （二）图书馆战略实施的任务及原则

战略实施的核心是整体性，即通过战略来协调各种活动之间的关系，它追求整体而不是局部最优，追求相互协作和配合而不是各自为政。战略的实施是战略意图和战略定位的逻辑分解和逻辑延伸，是对经营管理各个职能的有机整合。

一般来说，组织中的战略实施包括八大任务：建立一个有竞争力、能力和资源力量的组织以成功地实施战略；建立预算以将足够的资源投入到战略成功至关重要的价值链活动中；建立支持战略的政策和程序；对价值链活动进行最佳运用，并不断提高其运作水平；建立信息、沟通、电子商务和运营系统，使公司的人员在日常能够成功地承担其战略角色；将报酬和激励与达到业绩目标和很好地实施战略相联系；创立一种支持战略的工作环境和公司文化；发挥带动战略实施所需的内部领导作用，不断提高实施战略的水平。

在战略管理中，战略实施必须遵循三个基本原则：一是适度合理性原则，战略在实施过程中会受到各种不可预测因素的影响，战略制定部门和战略实施部门在战略实施中也可能会发生冲突，因此，管理者需要对这些矛盾冲突进行协调、折中或妥协，只要不损害总体目标和战略的实现，应当是可以接受和容忍的；二是统一领导和统一指挥的原则，维护战略的权威性，保证战略可以无阻力地顺利实施；三是随机应变原则，及时掌握环境的变化，并随环境变化做出相应的调整和变革。

## 二、图书馆战略实施的步骤分析

### （一）成立专门的战略实施小组

该小组负责监督图书馆各项战略目标执行的进展。图书馆战略规划制定小组成员在规划制定中发挥着重要作用，他们对规划的内涵有最深刻的领会和理解，图书馆的战略规划实施专门小组可吸收大部分的规划制定小组的成员或直接由战略制定小组成员继续承担战略实施小组的职责。

### （二）战略规划目标的分解、排序和实施计划的制订

通过战略规划目标的分解、排序和实施计划的制订，对具体目标配置资源，确保战略规划的实施落到实处。

可采用时间、职能和测量三个维度对战略目标进行分解：在时间维度上，将图书馆的中长期战略规划目标分解到图书馆的近期目标和年度工作计划中去，使图书馆的长期行动有效转化为短期安排，从而逐步推进图书馆战略目标的实现，这主要指战略制定环节编制的行动计划；在职能维度上，根据图书馆的职能部门设置，将图书馆战略规划中的总体目标分解为职能部门目标，具体融入各职能部门日常工作中；在测量维度上，可将图书馆战略总体目标、分目标转化成为定量的、具有标志性的发展指标，形成"目标—指标"体系，为图书馆战略规划实施提供可操作性、可考核性的工具。

最有效的实施计划应当是年度计划。年度计划要有针对性、可测量性、可达到性、可行性和及时性，并且战略目标应该在图书馆日常工作计划、部门计划和个人计划中得到体现。个别关键目标可通过具体项目的形式来落实。图书馆根据本馆拥有的资源、能力制定战略规划实施的关键性目标之后，应对各项行动计划进行排序，研究每一年度启动的重点项目和建设内容，然后为各项行动计划制定实施时间表，提出相应的资源配置方案。

在战略实施中，图书馆需要对未来愿景和战略目标开展每年至少一次的不同于年度工作总结的全面审核与测评的战略绩效评价，通过评价对规划文本进行动态调整。图书馆规划文本的修订应针对已定战略与复杂环境之间的矛盾、战略制定的主观判断和图书馆实际的限制导致预测的失准、战略实施过程中产生的明显失误、战略规划过程自身不符合图书馆发展规律之处等。修订的内容和重点包括：针对内容结构的扩充与完善，从目标体系到附录增补均是可能更

新的范围；针对规划实践的递进与提升，需要通过战略绩效评价，来促进新版文本的合理性和可操作性。

此外，图书馆可以根据战略规划中的关键指标、核心目标设置若干专项规划；经过图书馆高层管理部门或行政咨询等机构的论证、审议和图书馆工作委员会批准后，列入预算计划，配置相应的人、财、物等资源。

### （三）确定各项战略任务的负责人

战略实施负责人一般由各部门主任承担，可以及时了解战略发展领域的实现情况。负责人需要及时对一定周期内战略规划的实施情况进行总结调整，向图书馆决策层和战略实施负责机构做年中和年终进展情况报告，并随时向战略规划实施委员会汇报战略实施进程中遇到的困难并寻求解决的策略。

### （四）制定战略实施监督机制

实施监控的关键是对有关规划执行情况信息的获取。战略规划实施的监督主要注意的事项有：

第一，考察战略实施是否严格按照战略规划内容执行。首先，图书馆的战略规划通常会明确规定具体的目标、任务和实施路径。在实施阶段，需要对这些规划内容进行详细的解读，明确各项任务的具体要求和实施步骤。其次，根据战略规划的内容，需要制订具体的实施计划。这个计划应该明确各项任务的责任人、时间节点、资源分配等细节，以确保战略实施的顺利进行。最后，在实施过程中，需要对计划的执行情况进行监控，这包括对进度的跟踪、资源的投入、质量的要求等方面。通过监控，可以及时发现实施中的问题，并进行调整和改进。

第二，需要确立战略规划执行年度汇报、中期检查制度，及时对一定周期内战略规划的实施情况进行总结，根据图书馆战略环境的变化对规划进行调整。需要制定每月和年度监测制度，每月监测主要是为了了解项目取得的成就，战略实施中存在的问题、意外事件或有待完善的信息，战略实施需要的支持，优先事项的变化，下一步的行动，图书馆各方利益相关者对战略实施的建议和意见；年度监测主要是为了审核具体目标和每项行动计划的执行状况，审议规划执行部门的年终报告，对下一年度的工作重点或某些活动的扩大、继续、停止或改进进行讨论并做出决策。

第三，战略规划监控需要有一个支撑系统。监控负责人需要获取充足的监控信息，并对这些信息进行仔细的质询。此外，他们还需核实信息的可靠性和一致性，以确保所获得的数据是准确且可信的。这个支撑系统应当具备高效的信息收集、处理和传递能力，以帮助监控团队迅速做出决策并调整战略规划。只有在这样一个强大的监控支撑系统的基础上，图书馆才能更加灵活地应对环境变化，确保战略的及时调整和顺利实施。因此，战略规划监控不仅是获取信息的系统，更是一个可靠而高效的系统来支撑决策过程。

第四，营造图书馆战略实施的和谐氛围。将战略规划实施内容嵌入图书馆业务流程系统或内部知识管理系统中，将战略规划实施变成日常工作，同时信息公开，加强内部监督。

第五，可考虑引入外部监督评价，以读者座谈、专家座谈、主管部门汇报等多种形式将图书馆战略实施情况或年度监测报告的结果定期公布，以实现对战略规划的动态监督，及时收集新情况、新建议，对规划进行必要的动态调整和完善。

## 三、图书馆战略实施的要点

### （一）根据战略目标实施具体方案

第一，制定短期目标的实施方案。主要包括：①战略管理小组可以将短期目标和 SWOT 环境分析的结果发给本馆的管理人员，召集大家在一起进行 2 ～ 3 次的头脑风暴，将大家的方案进行汇总集中讨论，确定最终的方案；②将多个短期目标分摊给每个管理人员，并附上 SWOT 环境分析的结果，给予 2 ～ 3 周的准备时间再集中演示讨论。这两种方案都要求制定者在制定具体方案的过程中结合环境分析中的优势、劣势、机遇和威胁。

第二，明确实施方案的负责人及相关部门。具体方案的实施需要相关的责任部门和负责人，这样才能明确实施主体，保证方案的实施，避免推脱或踢皮球现象。在确定方案的会议上，要由馆长牵头确定好实施方案中的责任部门、分管领导，可以制作一个战略目标实施任务表。

### （二）根据战略目标调整组织结构

图书馆内部结构的划分，可分为四种模式：①以服务项目为基础的划分方式；②以服务地区为基础的划分方式；③以图书馆职能为基础的划分方式；④以顾客对象为基础的划分方式。各种划分都有利有弊，要根据使命、环境、任务、资源、效率等进行综合分析。在战略实施过程中，根据战略目标对组织结构进行调整，这种调整一定要避免盲目，要根据战略实施的需要因时而异、因事而异。需要指出的是，图书馆作为事业单位，组织结构的变动没有企业那样大的自由度，一个部门的建立或者更改都需要征得上级主管部门同意甚至当地编制委员会的审批，所以图书馆在组织结构的调整过程中，不仅要学会变通，更要慎重。在这种情况下，可以做以下调整。

一是部门业务范围的调整。在实施过程中可以根据环境分析的结果和战略目标对部门业务范围进行重新梳理。

二是人员的调整。战略管理的实施需要多方面的人才，一个图书馆在确定了战略目标后，会有一些新增的或需要改进的业务范畴，这些业务需要能够胜任的馆员去实施。因此，在实施过程中，对人员进行调整，将合适的人用在合适的岗位上，可以最大限度地激发馆员的潜力。

三是资源的调整。在战略目标实施过程中，要分析资源对实现战略目标的制约，重点突破是管理中常用的方法，这时，优化资源配置是必要的，把资源调配到最需要的地方，让有限的资源发挥最大的作用，因而，可能会使某些部门（业务）强化、某些部门（业务）弱化。

**（三）构建有效的人员薪酬制度**

图书馆的馆员工资由基本工资和奖金两部分组成。基本工资按照国家事业单位人员工资规定发放，属于固定工资；绩效工资（奖金）部分是激励馆员工作、实现公平公正的重要筹码。作为馆领导，绩效工资如何分配、分配的依据和重点、分配比例等，都必须考虑本馆的实际情况，主要有以下三种方式。

第一，项目奖金。与上述战略实施中的项目管理相对应，对于重大项目要给予奖励；奖励的多少按照完成情况、项目大小来确定。

第二，部门奖金。与绩效管理相对应，针对每个部门年度目标任务设立部门奖金。

第三，个人奖金。在战略实施过程中，对于表现优异、贡献突出的个人要给予奖励，比如项目管理小组的组长、某一大型项目的负责人等。

奖金的发放时间既要兼顾平时又要兼顾年终，平时发放有利于项目工作的推进；年终发放则有利于对项目完成情况进行考核、体现绩效，并使下一年度的项目工作顺利进行。奖金数量的多少，既取决于预算、资金，也受制于工资总额，所以在内部预算编制时就要放进去。馆领导一旦确定了奖金发放的考核办法、奖励方式，就应该予以公示，让所有馆员明确本馆的奖惩机制。

# 第四节　现代图书馆战略管理的评价

## 一、图书馆战略评价的意义体现

战略评价是一项烦琐而又敏感的工作。过度地追求战略评价会使得费用大幅提升，各种负面作用的影响也会加剧。此外，任何人都不会希望被人进行过度评价。若是馆领导对他人的行为进行过度的评价，则不利于其控制能力的形成；当然，不评价或者太少评价也会引起一些问题。因此，为了有效达成既定目标，就需要一定的战略评价的存在。

第一，战略实施过程中，必须密切关注资源利用情况，确保资源的合理分配和有效利用。通过战略评价，图书馆可以及时发现哪些资源被过度利用、哪些资源可能不足，并采取相应的措施解决这些问题。

第二，战略实施过程中，需要密切关注实施方向与战略目标的一致性。由于战略实施涉及诸多细节问题，一些非量化的指标往往难以把握。通过科学的方法进行战略评价，可以及时发现问题并采取相应的措施进行调整。

第三，战略评价不仅有助于发现问题，还可以发现亮点和成绩。这些评价结果可以为图书馆管理提供确凿的依据，为馆员的考核提供客观的参考。馆领导可以根据这些评价结果对表现优秀的馆员进行奖励，对表现不佳的馆员进行惩罚。

## 二、图书馆战略评价的有效方法

战略实施的评价可以以季度考核、年终考核、三年考核等时间间隔来进行。为了保障评价结果的客观真实，每次评价都可以设立评价小组，季度考核和年终考核评价小组可以由部门负责人组成，三年考核可以邀请一些专家助阵检测。

### （一）品质管理方法

品质管理方法是一种广泛使用的企业策略，它通过对管理者所扮演的角色、品质管理部门所扮演的角色、训练、产品的资料报告、员工关系等八项因素进行评估，来测量组织的品质。这八个因素不仅可以用来衡量品质管理的状况，而且对组织绩效也有很大影响。这些因素包括管理者的领导风格、品质管理部门的角色和职责、员工培训和发展、产品和服务的质量标准、员工满意度和忠诚度、客户满意度和反馈、组织文化和价值观。

作为公共服务部门，一些图书馆已经采用此方法来检测自己的服务工作。通过评估图书馆的管理者所扮演的角色、品质管理部门所扮演的角色、训练、产品的资料报告、员工关系等因素，图书馆可以更好地了解自己的服务质量和客户满意度。这种品质管理方法可以帮助图书馆发现自己的优点和不足，从而采取有效的改进措施，提高服务质量和客户满意度。

此外，品质管理方法还可以帮助图书馆更好地了解客户的需求和反馈。通过收集和分析客户反馈与评价，图书馆可以更好地了解客户的需求和期望，从而提供更符合客户需求的服务。这种品质管理方法还可以帮助图书馆建立良好的组织文化和价值观，提高员工的满意度和忠诚度，从而为图书馆的发展提供有力的支持。

**（二）平衡计分卡法**

平衡计分卡由哈佛商学院教授罗伯特·卡普兰和诺朗诺顿研究所所长戴维·诺顿提出，它将企业的关键成功因素、绩效指标或者企业目标同企业长期的远景联结起来，提供了一个综合性的绩效管理框架。

平衡计分卡在图书馆战略评价中的应用可以补充和完善图书馆的绩效评价体系，帮助图书馆将战略转化为具体的行动计划，从而实现战略目标。

财务层面：除了传统的财务指标，图书馆还可以考虑其他指标，如资源利用率、读者满意度和员工满意度等。这些指标可以帮助图书馆了解其资源的分配和利用情况，以及读者的需求和期望。

客户层面：图书馆可以通过调查和数据分析了解读者的需求和期望，并制定相应的读者服务策略。同时，图书馆还可以通过收集读者的反馈和建议，不断改进服务质量，提高读者的满意度和忠诚度。

内部流程层面：图书馆可以通过流程优化和再造，提高工作效率和服务质量。例如，图书馆可以优化借阅流程、提高信息检索速度、改善读者体验等。

创新与学习层面：图书馆可以通过培训和教育提高员工的专业素质和技能

水平，鼓励员工进行创新和探索新的服务模式。同时，图书馆还可以通过开展科研和技术研发，推动图书馆的科技创新和发展。

总之，平衡计分卡在图书馆战略评价中的应用可以帮助图书馆全面地评估其绩效，发现自身的优势和不足之处，并制定相应的改进措施。同时，平衡计分卡还可以促进图书馆内部的沟通和协作，提高员工的工作积极性和参与度，推动图书馆实现可持续发展。

# 第三章　现代图书馆业务管理工作与创新

## 第一节　现代图书馆的文献资源建设

图书馆文献资源建设指文献的收集、整理和组织典藏工作，内容包括文献的收集、登录、分类标引、主题标引、文献编目、文献组织等。

### 一、文献收集

文献收集是图书馆通过购买等多种方式获取文献的活动，旨在积累和补充馆藏，是图书馆馆藏建设的基础工作，又被称为采访工作或藏书补充。这一过程直接关系到图书馆服务的质量和水平。因此，在进行文献收集时必须遵循一系列原则，以建立科学、实用、富有特色的藏书体系。

做好文献收集工作，首要任务是进行广泛的调查。这一调查包括对所处地域的政治、经济、科技发展状况及需求，用户需求，以及本馆的藏书情况和动态的深入了解。调查还需涵盖本馆的收藏原则、收藏范围、馆藏重点、采购标准的确立，以及书刊的种类与复本数、各类藏书的利用率等详尽信息。此外，调查还应对各出版社的性质、出版信息以及书店的发行信息等进行全面了解，以便深入把握文献市场和出版情况。这样的深入调查不仅有助于更好地满足用户需求，也为图书馆的藏书选择和采购提供了科学依据。通过精准的调查，图书馆能够在文献收集中更好地把握方向，提高馆藏质量，进而提升服务水平。

### 二、文献登录

图书馆文献登录是涵盖个别登录和总括登录两种方式的复杂系统。在个别登录方面，每册图书都被赋予独特的财产登录号，详细信息如书名、责任者、版本、书价、来源和登录号等被详细记录在"图书财产登录簿"中。这一方法不仅成为检查入藏历史的基石，更是追溯每册书的入藏日期、来源、价格以及注销情况的重要依据。

相反，总括登录则按照批次收入图书的验收凭证或批准文据进行。在"图书馆藏书总括登录簿"上，总册数、总价值、各类图书的种数和册数等细节被记录。通过总括登录，图书馆能够全面了解馆藏书的整体情况，包括总册数、总价值、来源和去向、实际藏书量，以及各类图书的入藏状况。这为反映馆藏书结构提供了重要依据。

这两种登录方式为图书馆提供了高效的管理手段，确保了对馆藏的全面掌控和有效监测。个别登录使得每册图书都能够得到详尽记录，为详细查询和监测提供了基础；而总括登录则为图书馆提供了对整体馆藏的综合把握，为决策提供了必要的信息。综合而言，这种双重登录方式为图书馆管理提供了坚实的基础，保障了馆藏的系统性管理和资源的有效利用。

### 三、文献整理

各种经过登录的文献，还需要加工整理。文献整理包括文献分类、主题标引、文献著录、文献编目和文献组织等。

#### （一）文献分类

文献分类是一种通过运用文献分类法，对文献内容的学科知识属性以及其他检索特征进行深入分析和综合归纳的过程。其目标在于确定文献所属的具体类目，并为其分配相应的分类号，以揭示和组织文献的内在结构，为分类目录索引的编制提供有力支持。文献分类涵盖了两个核心方面，即类集和归类。在整体图书馆藏书的层面上，文献分类主要指向类集，即将具有相似学科性质的文献聚合在一起，建立彼此之间的联系，同时巧妙地区分学科性质有所不同的文献。这一过程通过明晰文献的相对关联程度，有序地组织图书馆藏书，构建起合理的逻辑体系。而对于单一文献而言，文献分类则是指归类的过程，即将该文献有机地融入文献分类法的整体体系，赋予其相应的位置和分类号。通过这一系统性的分类工作，文献的组织和检索变得更为精确、高效，为图书馆信息资源的科学管理奠定了坚实的基础。

## （二）主题标引

文献主题标引工作的核心在于揭示文献内容的主题概念，其立足点源于对文献资料的研究和论述对象的深刻理解。

主题标引方法，又被冠以主题法之名，作为图书馆揭示和组织文献资料的手段之一，通过独特的视角展现文献的内在主题结构。

主题法与分类法在实质上存在差异。尽管两者均为揭示和组织文献资料的工具，分类法基于文献内容的学科性质进行分类，而主题法则注重揭示文献所涉及的主题概念，从而呈现一种独特的分类视角。

文献分类法的特点在于以类目名称和分类号为基础，根据学科性质对文献进行揭示和组织，其体系构建在科学分类的基础上，为图书馆信息组织提供有效的工具。

主题法的核心概念和手段则在于根据文献所涉及的主题概念，运用规范化的自然语汇表达这些主题，并通过主题词的方式揭示和组织文献资料。主题词作为规范化的词汇，旨在表达文献资料阐明的主要问题和对象，其排列顺序遵循语词字序，通过参照系统清晰显示概念之间的关系，为用户提供更为系统和全面的信息检索途径。

综上所述，文献主题标引工作通过主题法和主题词的运用，从独特的角度揭示文献的主题结构，为信息组织和检索提供有力支持。

## （三）文献著录

在文献学领域，分类和主题作为揭示文献内容特征的主要工具，为研究者提供了深入理解文献内在结构的途径。与此相对应的是文献著录，作为揭示文献形式特征的主要手段，通过对文献的内容和外部形式特征进行细致的分析、选择和描述，为研究者提供了关键的元信息支持。著录过程在编制文献目录时发挥着关键作用，要求对文献进行准确无误的确认，以确保提供的文献检索线索具有高度的准确性。因此，著录既是一种技术性的操作，也是一种理论性的思考过程，旨在为学术界提供可靠的文献管理基础。通过对文献的系统著录，研究者能够更有效地定位、访问和利用相关信息资源，促进学术研究的深入发展。

## （四）文献编目

图书馆目录作为揭示馆藏文献的工具，以编制有序的记录方式，为用户提供了深入了解和检索馆藏的途径。其功能不仅限于宣传文献和引导用户阅读，更是图书馆有效管理不可或缺的工具。

在图书馆目录不同的编制方式中，计算机编目与手工编目呈现显著的差异。计算机编目通过目录数据库中的题录记录来呈现文献目录，每一条记录都反映了一种文献。这种数字化的编目方法使得文献目录的内外部特征能够通过记录中的字段和子字段得以准确体现。

为确保计算机编目的书录数据库中字段的著录质量，制定了机读目录的格式标准。这些标准不仅有助于规范编目的过程，而且提高了检索系统的效率。因此，计算机编目在提升图书馆信息管理水平的同时，也为用户提供了更便捷、精确的文献检索体验。这一系列的措施不仅促进了图书馆资源的充分利用，还为用户提供了更高效的信息获取途径。

### （五）文献组织

在文献收集后，图书馆通过登录、分类标引、主题标引和描述著录等程序对文献进行全面处理，随后交给典藏部门。典藏部门在考虑馆内需求的基础上，负责对文献进行合理的分配、组织和妥善保管，从而形成系统的文献组织工作。这一过程包括文献的划分、排列、保护和清点等工作，旨在确保馆内资源能够高效地满足各阅览室和其他部门的需求，为读者和研究人员提供便利的检索与有利的环境。

#### 1. 文献划分

在图书馆管理中，文献划分是一项重要而复杂的任务，旨在有效组织和维护馆藏，以满足不同用户需求和保存要求。大型图书馆通常将馆藏文献划分为基本书库和辅助书库，还可能设立特藏书库，以便更好地满足特定学科或主题的研究需求。同时，为了进一步优化文献的组织结构，图书馆还会设置保存本书库，以确保对珍贵文献的长期保护和保存。这一划分策略的实施旨在充分提高文献的可访问性和利用效率。

#### 2. 文献排列

在文献排列方面，图书馆采用科学、系统和合理的方法，以确保读者能够迅速、方便地提取和整理所需文献。其中，分类排架法、固定排架法和顺序排架法等被广泛应用于不同类型的文献。这些方法不仅有助于维持图书馆内部的秩序，而且使读者更容易理解和利用馆藏资源。科学的文献排列方法有助于构建一个有序的知识体系，为学术研究提供可靠的信息基础。

3. 文献保护

文献保护被视为图书馆管理的基本任务之一，涵盖了对纸质和电子文献的多方面保护措施。这些措施包括但不限于装订、修补、防火、防潮和防虫等手段。通过定期的馆藏清点，图书馆确保文献的完整性和长期保存。装订和修补工作有助于修复和强化古老或破损的文献，延长其使用寿命。防火、防潮和防虫措施则从环境和存储条件两个方面入手，有效地降低了文献遭受灾害和损坏的风险。这些文献保护措施共同构成图书馆对知识财产的负责任管理，确保了馆藏文献的可持续性保存。

# 第二节　现代图书馆的用户服务工作

凡是利用了图书馆所提供的资源、环境以及服务的个人或团体，都可以称为图书馆的用户（读者）。进入 21 世纪，随着计算机技术及通信技术的发展和应用，图书馆方方面面都发生了翻天覆地的变化，唯一不变的就是"用户至上、服务第一"的办馆宗旨和理念。图书馆的一切活动都紧紧围绕着如何开展用户服务而进行，用户服务是图书馆存在的价值，也是图书馆活动的核心。

## 一、图书馆的用户培训工作

图书馆有计划、有目标、有步骤地开展用户培训工作，既是公众的文化需求，也是图书馆必须履行的职责，更是图书馆提高资源利用率、拓展服务的有效方法。

### （一）用户培训的主要内容

1. 图书馆基础知识

这是最为基础、最为重要的培训，可以帮助用户了解图书馆基本概况、馆藏资源特点及布局、文献分类常识和查找方法、各类服务介绍等知识，为用户更好地利用图书馆奠定良好的基础。

2. 图书馆资源与服务推介

介绍图书馆最新的资源和服务，使用户能从众多类型的资源和服务中迅速锁定自己所需要的文献。

3．文献信息检索技能培训

这是提升用户信息素养的一种比较综合的培训，它教会用户在合理的时间内从种类繁杂、数量庞大的各类资源中获取有用的信息，旨在帮助用户更为全面地掌握信息加工和处理的方法，更好地驾驭信息工具。

此外，还可根据用户的需求举办计算机应用能力培训、外语培训等，以提升公共图书馆的社会影响力，培养潜在用户。

## （二）用户培训的常用方式

1．到馆用户培训

一是在专门的教室培训，目前很多图书馆都有系统的用户培训计划，在固定的时间和地点进行；二是与图书馆日常工作相结合对用户进行辅导，这是图书馆参考咨询工作的重要方式。

用户在使用图书馆的过程中，可以随时得到馆员的指导和帮助，以解决遇到的问题。这种培训贯穿于图书馆服务工作的始终，它可以强化用户的服务感受，提升用户满意度。

2．用户所在机构的现场培训

为图书馆用户所在机构进行现场培训是一种非常有效的方式，它可以根据用户的实际需求和特点，为他们提供有针对性的培训课程。这种培训方式能够加强与用户的互动，更好地了解用户的需求和反馈，从而更好地满足他们的需求。

在现场培训中，可以根据用户所在机构的特定领域和行业，提供相关的图书馆资源和服务介绍，以及信息检索和获取的技巧和方法。此外，还可以为用户提供实践操作的机会，让他们亲自体验图书馆的各种服务和资源，从而使用户更好地了解和掌握如何利用图书馆来满足自己的信息需求。

通过现场培训，不仅可以提高用户的信息素养和技能，还可以加强与用户的沟通和联系，提升图书馆在用户心中的形象和地位。同时，在培训过程中收集到的用户反馈和建议，也可以为图书馆改进服务和资源提供重要的参考依据。因此，图书馆应该根据实际情况，积极开展用户所在机构的现场培训活动，为用户提供更好的服务和支持。

3．远程培训

远程培训即通过各种媒体和网络进行培训。大多数图书馆采用集中面授与借助网络进行远程教育相结合的方式开展用户培训。

远程培训主要有两种方式：一是开设专门的网络培训平台或者是培训栏目主页，图书馆制作专门的培训录像、交互式培训课件或培训讲义，上传到网上加以传播，有的图书馆通过虚拟参考咨询系统向用户提供远程辅导。远程培训具有成本低、服务范围广、便于维护等特点。二是利用广播电视网络进行培训，广播电视网络是用户培训的新平台。目前，国家图书馆等先进图书馆已经建设有数字电视频道，通过有线电视网络播放培训教育节目，既经济又便捷。

## 二、图书馆的用户调查工作

图书馆的服务质量、服务效果如何，只有通过用户调查才能获知。用户调查是公共图书馆收集用户信息、研究了解用户的最主要的方法，其内容包括确定目标后，设计调查方法，选择调查的范围，实施、分析研究得出结论并予以评价，研究对策。用户调查能提供大量具体生动的材料，可以使图书馆广泛了解用户的各种需求和想法，了解读者对图书馆的认识，能为研究用户和图书馆的建设提供有价值的参考资料，对于改进图书馆工作、促进图书馆学研究，都具有重大的实践意义。图书馆必须时刻关注用户的信息，把握用户需求的变化，做好用户的调查工作，把决策和行动建立在对用户调查研究的基础上。

### （一）图书馆用户调查的类别

#### 1. 全面调查

全面调查也叫普查，它是对被研究对象所包括的全部单位无一遗漏地加以调查，以掌握被研究对象的总体状况的过程。这种调查方法收集到的信息最全面，最能充分反映调查对象的实际情况，不会失真。但是这类调查需要动用较多人力、物力、财力，花费较多时间，计划组织和实施的工程浩大而复杂。由于资源的限制，图书馆一般很少用这种方法对用户进行调查。

#### 2. 典型调查

是在对所要研究的对象有初步了解的基础上，有计划、有目的地选择若干有代表性的典型单位进行周密系统的调查的研究方式。典型调查希望通过对典型的调查达到全面了解的目的。这种方法对资源的占用不多，比较容易进行系统、深入的分析研究。然而，由于典型的选择容易受到调查者的主观影响，会使得典型不具备客观性，调查结果很难完全反映总体情况。此外，典型个体与总体之间总是存在差异的，因此，典型调查结果的代表性不会很充分。在图书馆用户调查中很少采用这种方法。

3．抽样调查

是从研究总体中按照一定的方法选取部分对象（样本）进行调查，以样本的调查结果来说明或代表被研究总体的情况的方法。抽样调查是获取用户资料的重要手段，它的本质特点是以部分来说明或代表总体。使用抽样调查的方法，能够弥补全面调查的短处，但是前提是抽取的样本必须能够说明或代表总体的特征。由于随机抽样的理论基础是概率论与数理统计，它们保证了每一个被研究的个体单位都有同样的机会被抽到，当样本容量达到一定程度的时候，样本的特征就较好地代表了总体的特征。因此，图书馆用户调查研究常采取抽样调查方式，如访问和问卷调查都属于这一类型。

实施抽样调查前制定抽样方案十分重要。从调查对象的总体中，所抽取的样本是否具有代表性、有多大的代表性，都与抽样方案紧密相关。图书馆在设计抽样方案时，首先需要明确界定样本容量，要从成本最低而又不至于损害样本的代表性这两方面考虑样本容量；其次要选择恰当的抽样方法，在可能的情况下，应该尽量采用随机抽样这一科学的抽样方法。

**（二）图书馆用户调查的方法**

1．信息反馈法

信息反馈法是指利用用户的反馈信息，进行用户调查的方法。对于图书馆所作出的一切努力，用户总会作出有意识或无意识、主动或被动的反应，这就是用户反馈。一般来说，用户向图书馆反馈的信息越多，他们就越能得到自身需要的信息产品和服务，也就越能获得更高的用户体验价值。图书馆可在用户咨询、用户培训、与用户联络等过程中直接获得用户反馈信息，也可以通过书面征询来获得反馈意见。这种调查方法只能从少量零星的用户反馈信息入手展开分析研究，因此调查结果缺乏普遍性和全面性。尽管如此，由于用户反馈信息具有可靠、具体的特点，所以该方法正日益引起人们的重视。

2．文献调查法

文献调查法是指图书馆通过调查与用户有关的各种文献资料来开展研究工作的一种方法。这是第一手资料不够用或不可能取得第一手资料，而又有第二手资料可用时常常采取的收集资料的方法。其调查内容包括各种文献、用户登记卡、服务工作记录、咨询记录等各种资料。这些调查内容从不同的角度揭示了用户的需求和资料利用情况，因此，我们可以从某一途径进行某一方面的研究。图书馆最常用的是从读者的登记、借阅、咨询记录来提取用户信息。这种方法多以分析为主，如从用户登记信息中弄清楚用户的结构及信息需求，从读者借阅文献的重点分析出读者希望阅读何种图书，以便在此类新书上架时及时通知读者。

3. 问卷调查法

问卷调查法是指图书馆按统一设计的问卷，向读者了解情况或征询意见的一种方法，是目前图书馆用户调查中最常用的方法。图书馆可以定期或有针对性地开展问卷调查，在醒目的地点设置调查问卷发放处，专人负责在图书馆相关位置收发调查问卷或通过门户网站开展网上问卷调查。

问卷调查中最重要的是问卷的设计。由于调查过程中调查者不与用户直接交流，对用户需求理解的正确性和可靠性完全取决于问卷本身，因此，只有通过精心设计的问卷才能得出有用的调查结果。问卷通常包括封面信、指导语、问题等几个部分。封面信部分只是简单地说明问卷的目的，以及表示对被调查者的感谢。在指导语中一般要说明问卷的回答方式及回收时间。问题是调查问卷的主体。问题要通俗易懂、易于回答，设立时需要注意以下方面。

（1）问题的形式

按问题的回答形式可分为：封闭式问题，即在问题后列出所有可能的答案让读者选择；开放式问题，即在问卷上没有拟定的答案，读者根据实际情况自己填写。在设计问卷时，可根据不同的调查目的，来确定问题的回答形式。封闭式问题应该用于无联系的、性质截然不同的和数量较少的选项。封闭式问题的选项应该是详尽无遗并且相互排斥的。封闭式问题一般是能迅速回答的，适用于一个教育水平较低的样本。开放式问题用在那些不能用几个简单选项而需要用较多的论述加以回答的复杂问题，它们被用来引出读者独特的见解和观点。许多问卷是两种问题混合的，一份以封闭式问题为主的问卷，可以包括至少一个开放式问题，以避免忽略对被调查者具有意义的事项。

封闭式问题的题型分为单选题和多选题两种。多选题又分为多项限选式、多项排序式、多项任选式三种。一个调查问题的选项设计应该是单选还是多选，主要取决于调查的目的和各个选项之间的关联性，如果调查结果具有唯一性，以及各个选项之间具有排他性，那么作为单选比较合理，否则应考虑采用多选的方式。很多时候，读者的选择答案是不止一种的，多选题就比单选题更能反映被调查者的实际情况。而有些时候，由于调查者没能穷尽答案，回答者的情况会不包括在某个问题所列的答案中，解决的办法就是在所有选项的后面再加上一个"其他"类，这样，那些无法选择所列举答案的人，总是可以选择这一答案。

（2）问题的数量和顺序

问题的数量应尽可能少，要尊重读者的时间，把回答问题所需的时间控制在 5 分钟左右，最多不超过 10 分钟，否则读者有可能产生厌烦和畏难情绪，因此影响填答的质量和回收率。关于问题的安排顺序，要遵循先易后难、先简后繁、先具体后抽象的原则。

（3）问题的语言及提问方式

问题的措辞会极大地影响所收回答案的准确性。除语义要清楚无误之外，编写问题的关键因素是简洁，要以最简洁的词语表达所想要表达的意思，当一个词足够时，决不用两个或更多。

问卷调查是图书馆和读者之间一种行之有效的沟通方式。一次成功的问卷调查结果，可以成为图书馆确定发展目标、及时适应读者的需求变化、有针对性地改善图书馆工作的重要依据。于是，策划一份高质量的问卷也就成为了用户调查成功的保障。

4．实地考察法

实地考察法是指调查人员通过耳闻目睹或参加具体活动而进行的调查方法，如实地参观、参加课题研究等。通过实地考察，可以及时捕捉到一些难以明确表达或难以传递的信息，可以观察到文献资料上无法看到的现象。另外，通过现场获取的信息大部分是第一手信息，具有直观、形象、真实、生动、可靠的特点。例如，图书馆通过实地观察，从人流量的大小、读者阅读时的动作及表情等方面可以分析出读者的阅读喜好和阅读习惯。

5．访问调查法

访问调查法是指通过对读者进行随机采访、向读者了解情况的一种方法。该方法一般用于调查当前社会关注的图书馆热点问题，包括面对面访问、电话访问及网络在线访问等几种方式。这种方法很灵活，调查结果比较可靠，但是难度较大，需要访谈者具有很高的技巧。在调查过程中，访谈人员要注意与读者建立良好关系，使读者对其感到信任，从而愿意提供信息。访谈者提问时要掌握谈话的技巧，一般不要涉及敏感话题，问题的提出要明确，不能含糊不清。在谈话过程中，访谈者不要流露出个人的喜好倾向，不要引导读者回答出所期望的答案，要根据读者的语言理解程度提出问题，要注意控制访谈的节奏和气氛，掌握访谈的方向。访谈结束，应对被访者的合作表示感谢并对占用了被访谈者的时间表示抱歉。

### （三）图书馆用户调查工作的开展

图书馆开展用户调查关键在于每次的调查要有针对性、便捷性和实效性。图书馆在开展用户调查之前，一定要明确调查的目的，然后，根据目的，确定调查的对象、需要了解的信息内容以及应采取的调查方法，继而开展具体的用户调查，以获得详尽的资料，最后对调查结果进行归纳、整理与分析，得出结论。如果是用户结构类的调查，最好是定期（如每年）开展，这样便于纵向比较，可以获得更大的价值。

1. 用户调查的目的

图书馆用户调查的目的多种多样，从宏观来讲，主要是通过了解用户对图书馆各种相关问题的看法、对图书馆的希望与认识，为确立图书馆今后的发展方向提供依据；从微观来讲，主要是通过了解用户利用图书馆的情况，为确立图书馆的工作目标提供依据。

（1）在某项工作开展之前，对用户的情况做基本的了解，以明确工作开展的方式方法。图书馆要推出一项新的服务项目，需要对项目的潜在用户加以调查，以便明确这项服务的可行方案、时间安排、重点内容等要求。例如，无锡市图书馆在准备开展青少年心理援助服务项目之前，首先，对全市未成年人心理状况进行了调研，以了解潜在的用户需求；其次，对该市精神卫生领域的专业队伍以及教育、司法、新闻等领域众多用户资源进行了调研，以确保有充足的社会合作资源共同开展心理援助服务。

（2）对正在开展的工作进行用户调查，找出工作中存在的问题。例如，在展览展出过程中，调查用户的反馈意见，了解展览的展出效果；又如，对各类图书的利用情况进行用户调查，以便明确馆藏建设中存在的问题，在采购或典藏工作方面做出相应的调整。

（3）对已经结束的工作进行用户调查，追踪服务效果。例如，对办过的讲座进行用户调查，了解听众的反馈信息，接受听众的意见和建议；又如，对已经推出的二次、三次信息产品或数据库进行追踪调查，研究用户对它们的反响，从中总结出经验。

2. 用户调查的内容

用户调查的主要内容包括用户的个人情况、用户使用图书馆的情况、用户对图书馆各种相关问题的看法及对图书馆的希望与认识等。

（1）用户个人信息，包括用户名称、地址、联系电话、电子信箱、年龄、教育水平、职称、专业、工作单位等一些有关用户的基本资料。这些基本情况的信息是图书馆进行读者服务的基础，用于图书馆与用户之间的沟通和联系，比如，预约通知、催还通知、活动通知等；也有利于图书馆掌握用户的类型、结构和特点，有针对性地为用户服务。

（2）用户需求信息，包括特殊读者需求、服务方式需求、阅读环境需求等信息。通过直接调查读者的阅读倾向、检索方式、阅读习惯，图书馆可以方便、直观地了解读者的信息需求以及在信息需求上的差异、特点和规律，据此完善馆藏结构和服务政策。

（3）用户的评价，包括用户对图书馆服务的态度和看法、读者的满意度、接受服务过程中存在的问题、用户的建议等。这些资料反映了用户对图书馆的作用、影响、服务重点等问题的看法，有利于图书馆了解自身的不足，确立今后发展的目标和方向。

（4）用户的行为，包括读者的到馆率、文献的借阅率、服务的利用率等信息。态度方面的内容可能存在主观、片面的问题，而实际的行为更能真实反映用户与图书馆之间的关系。比如，从读者的到馆率、读者在图书馆的时间长短能分析出读者对图书馆的忠诚度；从读者借阅文献的种类、数量能分析出读者的阅读范围和倾向；从读者对图书馆提供的各项服务的利用率中可以分析出读者对图书馆各项服务的需求。

3. 调查结果的整理

调查结果的整理包括对调查的结果进行分类汇总、统计分析、存档保管、详细记录采取的相应对策等过程。图书馆在做完调查后，要对调查结果进行分类汇总。根据不同的调查目的，调查结果有多种分类方法，可以根据用户个人特征、用户行为方式、亟待解决问题等进行分类。例如，对文学类图书读者人群的调查，要根据这类读者的年龄层次、学历情况、阅读目的、借阅周期等进行分类；如果是对读者忠诚度进行调查，就要根据读者的到馆周期、在馆时间、对该图书馆的依赖程度等进行分类。调查结果经分类汇总后进入统计分析过程，图书馆统计的常用方法有分类分析法、对比分析法、动态分析法、相关分析法等，而在图书馆的用户调查中，则主要针对用户的主观需求进行分析，通过分析提出相应的改进工作的方法和措施，为后期调整做准备，以适应不断更新的用户需求。

### 三、图书馆与用户之间的合作

图书馆应将一切可以利用的资源充分为社会利用，反过来，图书馆也要利用一切可以利用的社会资源。用户是图书馆重要的社会资源，图书馆要提高社会竞争力和影响力，就要以用户为中心，广泛开展与用户之间的合作，以获得更多的互补性资源，要想方设法加强与用户的联系，诚心诚意地与用户建立和保持良好的关系，充分开发和利用用户资源。

#### （一）图书馆与一般用户的合作

这里的一般用户主要指普通读者。图书馆与普通读者的合作内容主要有以下方面。

1. 积极听取用户建议

广大读者对图书馆提出的建议、批评，既反映读者的信息需求，也维护自己正当的读者权益，是对图书馆的帮助、支持，应作为促进图书馆整改、发展的动力。图书馆在服务工作过程中直接和读者交流或定期召开读者座谈会是听取意见和建议最常用、最简单的方法。此外，图书馆还可以通过组建各种读者组织、研讨会、征文等形式听取读者的意见和建议。图书馆利用现代信息技术，通过网上平台与读者沟通，也是获取意见和建议的一种很好的途径。图书馆可以在网站主页上设立"馆长信箱"或"读者留言"，也可以建立"读者论坛"或"QQ在线"交互系统，让读者通过对话窗口表达自己的需求、愿望和建议，获得在线馆员的解答。读者通过这些网上互动平台，与图书馆员的对话交流更直接，表达意见和建议更容易。

2. 参与图书馆管理与建设

我国各级图书馆工作条例或管理办法都规定读者对图书馆的管理和业务工

作有批评权和建议权，这一规定是根据读者在图书馆的中心地位而定的。但仅仅赋予读者批评权和建议权是不够的，读者是图书馆一切工作的中心，应进一步赋予其对整个图书馆工作参与的权利，组织读者参与图书馆的管理和建设，参与图书馆的工作与决策。读者参与的图书馆工作应包括：参与规章制度、工作计划和发展规划的制定，使其更加人性化、科学化，全面指引图书馆各项工作向前发展；参与图书馆的文献资源建设，如推荐采购、购买新书、剔旧等，使馆藏结构更趋于合理；参与图书馆的外借、阅览、讲座、展览等工作，使读者在管理与服务过程中获得难得的体验，并且评价和监督馆员的服务态度、服务能力、服务方式及服务效果，使其更符合读者的意愿；对图书馆的资金运行情况进行监督，以保证读者的权益。

　　从图书馆与一般用户合作的现状来看，从浅层次的体验性参与到深度的建设性参与，已成为图书馆与一般用户合作的发展趋势。例如，许多少儿图书馆让馆员带上小读者到书店共同采购图书，使少儿读者直接参与图书馆的馆藏建设工作。而广东省佛山禅城区图书馆创造的"反程序新书阅览室"，更是把采购权直接交给了读者。具体做法是：采访人员不定期到书商处选择近期新出版图书，经过查重和加装磁条后，直接进入图书馆新书展示阅览室供读者阅览、借阅。读者确定需要的图书后，可借、可售。如确定借阅（相当于读者自主采购），工作人员通过快捷加工（包括贴条码、盖馆藏章、简单数据录入），即时办理外借手续。新书经首次借阅归还后，再移交采编部门进行正式分编加工。一定时间后，不曾被读者借阅的图书，经有关人员确认无收藏价值后，退回书商，更换新的图书。这种与读者深度合作的方式不仅使馆藏得到了百分之百的流通，而且吸引了大量读者来借阅新书、参与采购，"反程序新书阅览室"成为禅城区图书馆人流量最大的场所。

　　人是需要激励的，在组织内部，员工需要激励。同样，将激励作为对用户参与行为的肯定，可显著提高用户参与的热情。受到激励后，那些能产生积极或令人满意的结果的行为，会经常得到重复。为了更好地争取到广大用户的合作，图书馆应采用物质鼓励、精神鼓励等方式激励用户，吸引用户关心图书馆事务，热心参与图书馆事务。

　　图书馆要善于运用奖品、奖金等物质激励手段，采用赠送、颁奖、抽奖等方式对参与图书馆工作的用户进行物质鼓励，通过满足其物质需要来调动用户的积极性。例如，对于向图书馆提出合理化建议、评价和监督馆员的服务态度、参与图书馆各项规章制度制定的读者，图书馆可以赠送图书、借阅证、生活用具等物品；对推荐图书、参与采购的读者，图书馆可以让其抽取购书券等奖品，以种种物质鼓励手段激励读者成为图书馆忠实的合作伙伴。

物质鼓励不失为一种有效的激励方法，但物质鼓励只是短期激励措施。对于非营利性的图书馆来说，物质鼓励不仅增大了经济负担，还极易造成用户在物质利益驱动下的不稳定行为。因此，在用户激励过程中，图书馆更应注重运用长期的精神鼓励方式，给予用户某种象征意义的评价，具体方式为表扬、表彰、评先、评优等，全面满足用户在知识交流与心理满足方面的精神需要，形成更为强大、持久的激励力。图书馆可以依据用户的参与频率，结合用户的具体表现来进行排名，评选出优秀用户，授予获奖者"优秀读者""优秀志愿者"等荣誉称号并颁发荣誉证书，采用张榜表扬、表扬信、大会表彰等方式，对优秀用户进行表扬和肯定，并对其实行免费办证、优先参加图书馆举办的各种文化活动、优先获知图书馆新书信息、扩大借书权限等奖励。这些对优秀用户的激励方式，对其他用户也有榜样示范的作用，能鼓励激发更多的用户支持并热忱参与图书馆的工作。

## （二）图书馆与团体用户的合作

团体用户主要指社会机构用户。机构用户拥有不同于图书馆的人力资源、财力资源与物力资源，因此，图书馆与团体用户之间的合作与交流，能更大限度地提高社会资源的利用率，有效实现社会资源的共建共享。图书馆与机构用户的合作内容主要有以下方面。

### 1. 项目建设

图书馆作为一个文化设施，需要不断地进行完善和升级。但仅仅依靠图书馆自身的力量是远远不够的。因此，图书馆可以与企业、基金会等机构合作，共同募集图书馆专项建设的资金。这些资金可以用于图书馆的硬件升级、资源采购、数字化建设等多个方面，从而为用户提供更加优质的服务。

### 2. 接受捐赠

除了项目建设，图书馆还可以接受机构组织赠予的文献和设备。这种捐赠不仅包括书籍、期刊等传统文献资源，还可以是电子资源、数据库等数字化产品。通过接受捐赠，图书馆可以进一步丰富自己的馆藏，为用户提供更多的学术资料和研究素材。

### 3. 构建图书馆联合体

在当今社会，单一的图书馆已经难以满足用户多元化的需求。因此，图书馆需要发挥社会群体的作用，与企事业单位、教育部门、物业公司、开发商等机构跨系统协作，吸收社会力量联合办馆。通过共建图书馆联合体，可以实现资源共享、优势互补，提高图书馆的整体服务水平。

### 4. 合作开展图书馆宣传活动

社会的发展既影响和推动着图书馆事业的发展，又使图书馆与社会各方面的联系更加广泛、密切和直接。作为社会文化活动的中心，图书馆的中介性极强，与行业协会、供应商、网络服务、出版、教学等社会各界机构存在着千丝万缕的关系，因此，图书馆应充分利用这一优势，积极与各种机构用户进行合作，开展各种图书馆宣传或活动。例如，图书馆可以和语言学会、心理学会、心理咨询所、律师事务所分别合作开展外语沙龙（咨询）活动、心理沙龙（咨询）活动及法律咨询活动；和青少年活动中心合作开展少儿活动；和图书（数据库）供应商合作开展会议或论坛；和电信、移动等网络服务机构采取企业冠名的方式合作开展讲座或报告会；和书画协会、民俗文化协会等民间团体合作办展览；和报社、电台等媒体合办报纸版面、专题节目等。

### （三）图书馆与特殊用户的合作

特殊用户主要指专家学者。专家学者是在某一专业领域有渊博知识和较高造诣的高级专门人才，是图书馆不可多得的珍贵资源。来自社会各阶层的各种专家学者，拥有不同的知识背景和专业技能，在图书馆的专业服务领域中更能充分发挥其专业特长。图书馆与专家用户的合作内容主要有以下方面。

### 1. 参与图书馆工作

专家学者作为各自领域的翘楚，他们的学术眼光和专业判断是图书馆宝贵的资源。在图书馆的日常工作中，专家学者可以参与专业书刊的采购建议、新馆建设方案的论证、各种读者活动的策划和实施等深层次工作。他们的参与不仅能提高图书馆的工作质量，还能增强图书馆与用户之间的互动与联系。

### 2. 开展高水平信息工作

专家学者在信息整合、深度分析和专业咨询方面具有得天独厚的优势。他们可以参与图书馆的现实和虚拟参考咨询工作，提供专业的学科咨询服务；可以为特定行业提供定题服务，满足行业用户的特定需求；还可以进行二次文献的整合和创造，以及各种专题数据库的开发，为用户提供深度的信息服务。通过与专家学者的合作，图书馆的信息服务水平将得到显著提升。

3．捐赠工作

专家学者将自己的著作或发表的作品赠送给图书馆，既丰富了图书馆的馆藏资源，也体现了他们对学术传播和文化传承的贡献。图书馆可以设立专家学者著作专区，集中展示他们的研究成果，为用户提供更加专业和深入的学习资源。同时，图书馆还可以征集本地专家的著作作为本馆的地方文献收藏，进一步凸显图书馆的地域特色和学术价值。

此外，许多热爱家乡、热爱读书、有一定名望的学者会将自己的毕生收藏悉数无偿捐赠给家乡图书馆。这些珍贵的捐赠不仅丰富了图书馆的馆藏，也为后辈学者提供了宝贵的学习和研究资料。

4．与志愿者合作

在图书馆志愿者队伍中，有许多是有特殊专长的。图书馆可以与这些专家志愿者通力合作，开展图书采访、讲座、沙龙、专业咨询等工作，从而提高图书馆的服务能力和水平。

## 四、用户服务工作的变化及应对

### （一）用户服务工作的变化

传统的图书馆用户服务主要以提供纸质资源为主，致力于向用户提供文献和信息。然而，在新时期，用户服务的内涵发生了巨大变化，不仅包括传统的纸质资源，还涵盖了电子和网络资源。此外，计算机图书馆的网络咨询和相关服务也成为现代用户服务的重要组成部分。

现代用户服务的目标在于实施人性化管理，提供具有优雅人文环境和休闲娱乐产品的服务。通过采用现代技术和设施，图书馆旨在更好地向用户提供资源，使用户在愉悦的环境中获取知识。这标志着用户服务经历了由单一到复合、由手工到计算机管理、由封闭到开放、由静态到动态、由间接被动到直接主动参与，以及由"重藏轻用"到"用户为本、利用至上"的发展过程。在现代图书馆体系中，用户服务不再仅仅是提供资料的过程，而是建立起一种积极互动的关系。用户参与度的提升，使得服务从过去的静态被动模式转变为动态主动模式。这一演变反映了图书馆致力于更好地满足用户需求，以及在信息科技发展的推动下，不断适应社会变革的努力。因此，现代用户服务旨在为用户提供更加全面、便捷、舒适的知识获取体验。

1. 服务环境的变化

用户的信息获取和远程教育。这一趋势为图书馆提供了新的机遇与挑战，引发了全新的、跨越时空的信息服务方式。传统的服务方式，如"坐等上门"和"借借还还"，已经无法满足用户的需求，各类型图书馆正在积极寻找立足点，转变服务工作，拓展服务领域。为适应环境变化，图书馆引入计算机设备，建立公共计算机检索系统，推出网上预约、外借、咨询等服务。

图书馆在努力适应用户需求的同时，不断改进服务模式，以适应网络时代用户的信息获取方式和期望。这种不断演进的服务模式在满足用户自主性的同时，也使图书馆成为一个更为开放和灵活的知识服务平台。图书馆积极响应时代变革，通过引入先进技术和服务手段，为用户提供更为便捷、高效的信息服务，实现了在数字化时代中的新定位。

2. 服务需求的变化

传统图书馆所提供的服务主要以文献为服务单元，其范围限定于提供印刷型文献信息。这一服务模式存在明显的局限性，受制于用户群体和物理检索的限制。然而，随着信息时代的到来，网络环境下用户的信息需求发生了根本性的变化。用户的需求由单一的文献满足逐渐转向对知识信息的广泛需求，对图书馆提出了更为个性化和多样化的服务要求。在这一变革中，图书馆需要适应用户的新型需求，提供更为灵活、多元的信息服务，以满足用户对知识的深入挖掘和全面获取的迫切需求。

3. 服务技术手段的变化

传统图书馆长期以来采用手工操作和卡片为主的管理方式，这使得工作变得烦琐且效率较低。然而，在现代图书馆中，随着自动化和网络化技术的广泛应用，图书馆引入了复印机、计算机、网络传输等先进设备，实现了服务技术手段的全面升级。这一转变使得图书馆能够通过提供诸如网上参考咨询、信息检索、数据传输等服务，更为高效地满足用户的信息需求。自动化的操作和网络化的服务不仅提升了图书馆的工作效率，同时也为用户提供了更为便捷、快速的服务体验。

4. 服务模式的变化

传统图书馆的封闭、分割式管理模式逐渐演变为开放型、整体协调式的管理模式。现代图书馆在服务模式上发生了根本性的变革，不再局限于馆内服务，而是主动走出馆内，建立起辐射型的开放服务系统。这种变化意味着图书馆的服务重心由过去的图书馆中心转向用户，馆员成为信息导航员，致力于引导用户获取所需信息。图书馆提供的服务更加注重信息的增值和资源的共享，通过开放式的服务模式，促进了知识的传递与共享，推动了图书馆的社会角色由传统的知识仓库向信息服务和共享平台的转变。这一服务模式的演变不仅满足了用户需求的多样性，也使得图书馆更好地融入社会，成为知识社会中不可或缺的一部分。

**（二）用户服务工作的应对**

1. 实施人性化管理

提供精致的人文环境，以创造一个宜人、充满人文氛围的图书馆内环境，从而提升用户在阅读和学习过程中的愉悦感和体验。

通过简化入馆程序，使用户轻松进入图书馆，降低使用门槛，以便更便捷地享受图书馆所提供的资源。这一改进旨在提高用户对图书馆的利用率。

引入开放式管理模式，使图书馆服务更贴近用户的需求，提高用户满意度。这一变革旨在加强与用户的互动，使馆内服务更加灵活和贴心。

强调自主服务理念，使用户能够充分利用图书馆内的资源，从而提高服务效率。此自主式服务理念的引入有助于满足用户对更灵活、个性化服务的需求。

通过亲近用户的言语和服务，建立积极的沟通与互动，从而增进用户与图书馆之间的紧密关系。这一举措旨在加强用户对图书馆的信任感，培养积极的用户体验。

采用多样的服务方式，包括实时虚拟参考咨询服务，以满足不同用户的需求。这种多元化的服务方式旨在提供更全面、个性化的服务体验。

充分利用用户熟悉的即时通信工具，将图书馆的参考咨询服务融入用户的日常生活，提高服务的便捷性。这一策略旨在使图书馆服务更贴近用户的生活，提供更方便的咨询渠道。

通过深入了解用户需求，开展特色服务，如爱心伞，使图书馆服务更贴近用户的生活，为用户提供更贴心、温暖的服务体验。这一主动走近用户生活的做法有助于建立更为紧密的用户关系。

2. 提供个性化服务

当前信息时代强调个性表达，用户期望图书馆提供个性化服务。这种服务涵盖多方面，需基于用户的知识结构、信息需求、行为方式和心理倾向等因素，有针对性地构建符合其个性需求的信息服务环境。主要业务包括：首先，个性化定制服务，通过深入了解用户喜好和需求，提供个性化的图书馆体验；其次，个性化需求分析，通过综合考量用户特征，进行精准的需求分析，以更好地满足其信息需求；最后，个性化提取服务，包括信息垂直门户和数据挖掘服务，旨在为用户提供专业化、定制化的信息资源。

此外，个性化传递服务包括信息推送和信息呼叫中心服务，通过主动传递相关信息，使用户获取所需信息更为便捷。个性化实时交互服务涵盖信息代查待检和实时互动式服务，以实现用户与图书馆的即时沟通，提高服务响应效率。个性化知识决策服务则旨在通过深入挖掘用户偏好，为其提供更为智能、符合其兴趣的知识决策支持。最后，团体定制服务致力于满足用户在群体层面的需求，通过团体化的服务模式，构建更加社群化的信息共享环境。

这一系列服务的目标在于满足用户对于个性化、定制化信息体验的追求，为用户创造更为个性化、贴近需求的图书馆服务体验。这种以用户为中心的服务理念，将图书馆从传统的信息储备机构转变为主动适应用户需求、提供多维度服务的知识服务中心。

3. 加强馆员素质培养

为构建高水平的文献信息资源和信息服务，需培养新型专业人才，具备文献信息资源整合与信息服务深化的技能。适应信息化时代的发展，关键在于培养高素质人才，强化馆员的信息驾驭和信息组织教育，并加速培养复合型能力的个体。

图书馆工作人员应具备广泛的知识，不仅要掌握新技术，扩展知识面，还要在图书情报专业知识的基础上，提升计算机操作、外语水平、信息商品意识、信息捕捉和处理的能力，以及公关交际能力。

从角色转变的角度看，图书馆工作人员需由传统的资料"保管员"转变为信息资源的开发管理者和组织传播者，成为信息检索利用的"知识导航员"，更加注重知识的普及和传递。

通过各类培训班的开展，应加强专业技术的训练，使信息服务人员既熟悉信息学和信息加工整理技术，同时，能熟练运用计算机进行图书馆的各项管理和服务工作。这意味着他们不仅要了解信息科学的理论，还需在实践中运用这些理论，为图书馆的现代化和信息化提供有力支持。因此，培训不仅是为了传授知识，更是为了培养实际操作能力，使馆员在信息服务领域中能够胜任更为复杂和多样化的工作。

4. 开发休闲娱乐功能

图书馆的多功能性在于其独特的环境和服务，为人们提供学习、娱乐、休闲、交流和心灵放松的场所，成为充满人文关怀、温馨、平等、自由的精神家园。随着社会步入"休闲时代"，发展图书馆的休闲娱乐功能对提高人气、扩展服务至关重要。这包括增设展览厅、说讲厅、小剧场、学术报告厅、视听室、电子阅览室等场所。

为了创造愉悦的阅读体验，图书馆通过巧妙的布局，如彩色沙发、摇动的藤椅、小流水、开放的书架等，打造幽雅的阅读环境，以满足用户的需求。此外，设立专属区域也是一项重要措施，如休闲阅览室，配备沙发、软椅，展示最新的文史杂志和画册，并设置"传统文化""诗人之角""外文刊物"等专区，以方便用户获取相关文献。

为了提供更多样化的休闲活动，图书馆可举办业余知识讲座、英语沙龙、音乐欣赏等娱乐活动，以提供愉悦神经、放松心情、调整心态、激发活力的体验。利用视听资源也是一个重要手段，通过视听室播放健康有益的录像、录音、影片等文献，为用户提供丰富的娱乐体验。

图书馆还可以引入新型文化休闲设施，包括购书吧、咖啡吧、影视厅、小超市等设施，为用户提供更全面的文化休闲体验，使其通过参与各项活动获得休息和娱乐。这些创新的举措将不仅满足用户需求，还可以使图书馆成为社区中心，促进文化、知识、休闲的融合。

综上所述，图书馆服务近年来呈现多元化、多样化趋势，服务环境、手段、模式都在变，但服务宗旨不变，即用户至上、服务第一。图书馆通过各种渠道了解用户需求，利用现代化技术和设备提供人性化的服务。未来，图书馆将成为信息的港湾、知识服务的中心及学习、休闲的社区，成为用户生命中除工作场所和家以外的第三重要场所。

# 第三节　现代图书馆业务研究与辅导

业务研究和业务辅导工作是图书馆工作的重要内容，在一些单位的图书馆工作条例或章程中，都把业务研究和辅导工作的内容和要求写入了法规性文件。

## 一、图书馆业务研究

### （一）业务研究的内涵理解

业务研究是对图书馆学基础知识和方法的应用，旨在解决图书馆工作中的具体问题，并制定相应的实施方案。这一过程需要以一定的形式（如文字）进行表述。业务研究与图书馆工作和图书馆学研究有着紧密的联系。

首先，业务研究是图书馆工作研究的重要组成部分。国家图书馆和省级公共图书馆作为学术研究机构，拥有一批专门从事图书馆学与相关学科研究的专家，承担着国家和地区的图书馆学科研究课题或实践课题。然而，各系统、各类型图书馆在工作中面临着不断涌现的新问题，需要各图书馆去认真研究解决。因此，我们需要加强图书馆业务研究工作。

其次，图书馆学理论体系是从图书馆实践中产生、发展而来的，必须不断充实、完善。而业务研究是针对图书馆工作中的实际问题开展研究，为图书馆学科的发展不断提供理论依据。相比之下，业务研究比图书馆学研究的针对性更强。

综上所述，业务研究在图书馆工作中具有重要的作用。我们需要加强业务研究工作，提高其研究的针对性和应用价值，为图书馆学科的发展做出更大的贡献。

### （二）业务研究的基本内容

业务研究涵盖了图书馆的各项业务工作，其研究范围十分广泛。由于人力和物力资源的限制以及当前工作的需求，建议将研究重点放在应用图书馆学上。在重视理论研究的同时，应重点关注与图书馆现实业务工作密切相关的实际问题，尽量避免纯理论的探讨。其基本内容主要如下。

1. 图书馆事业的研究

图书馆事业通常泛指整个图书馆系统。图书馆事业这一概念的诞生和发展，是与图书馆在社会结构中所处的地位及其所起的社会作用紧密相连的。图书馆事业这个概念代表的是一个体系，即社会共同使用文献的体系。

2. 基础业务工作研究

基础业务工作研究主要涵盖文献资源建设、文献著录（描述）以及文献标引等方面。这些关键工作被视为图书馆各项业务的基础，因而成为业务研究的焦点。

在文献资源建设的研究中，关注点囊括了选择和收集文献的原则与方法、文献资料的类型和馆藏成分的演变、文献资料的登记制度、分类与组织、排列、典藏和保护以及清点等方面。特别需要聚焦于电子文献和数字文献的采购、收藏问题，以及在网络环境下的文献资源建设。

文献标引与著录研究的范畴包括文献分类法的理论与实践、使用原则、分类法与主题法的相互关系，以及文献著录的一般原则和方法、不同类型文献资料著录上的特点、目录的种类、目录的组织、目录体系等。当前，尤其需要深入研究传统分类法、主题标引、编目等技术方法与计算机应用之间的衔接问题。对这些业务的研究有助于更好地理解图书馆信息组织体系，推动图书馆服务的不断创新和发展。这些学术探讨为图书馆从传统到数字化环境的转型提供了有益的理论支持和实践指导。

3. 用户工作研究

用户工作研究主要包括对图书馆用户服务工作的社会作用与地位、用户心理和阅读规律、文献宣传与阅读指导、开展读者活动的原则和方法、信息服务的各种方式的研究。这些方式包括借阅、参考咨询、书目报道、文献检索、定题服务、跟踪服务的方式和方法，以及图书馆用户服务工作的规章制度建设等。其中，网络环境下图书馆新的服务模式和服务方法的研究应成为用户工作研究的重点。

4. 图书馆科学管理研究

图书馆科学管理是业务研究至关重要的内容，涵盖了图书馆工作的集中化、标准化以及管理工作的现代化。此外，各类型图书馆工作机构的设置、劳动组织、工作定额、工作计划、工作统计以及人事管理等也是其重要部分。对于现代图书馆管理的基本要求，图书馆必须具备健全的规章制度、完善的考核标准，专业人员的素质要高，同时人员配备和使用也要合理。

## 二、图书馆业务辅导

业务辅导，又称辅导工作，是指一个地区或一个系统中的大型图书馆或中心图书馆对本地区或本系统所属的中小型图书馆在贯彻方针任务、改进业务技术方法、培训专业干部等方面进行的辅导与帮助，并采用各种形式，组织基层图书馆相互学习，交流经验，研讨业务问题，以促进图书馆事业的发展、巩固与提高。

### （一）业务辅导的意义

1. 有助于推动本地区图书馆事业发展

一个地区内图书馆事业的发展，一般说来，不能脱离当地经济建设和社会全面进步的进程。当社会需求不断增加的外部因素已经形成后，图书馆事业就居于一种良好的外部发展环境中，此时，图书馆事业发展的一些内部因素就成了制约因素。

这些内部因素主要是围绕图书馆能否满足社会对图书馆服务功能、服务手段、服务态度和服务效果四方面不断增长的需求而产生的。图书馆事业具有其自身所独有的发展规律，因此，对图书馆事业的管理就具有一定的特殊性。辅导工作，正是出于图书馆事业发展的需要而产生的。这实际上就形成了我国图书馆管理体制中的一种独特现象，即辅导工作成为管理的一部分，现行图书馆事业管理的特殊性决定了业务辅导工作的必要性。

2. 有助于图书馆业务工作的规范化和标准化

无论是传统图书馆还是现代化图书馆，图书馆业务工作的规范化和标准化都是实现文献信息资源网络化的重要前提，也是图书馆进行科学管理的重要内容。在这一进程中，辅导工作的作用是不可低估的。

辅导机构是宣传推广文献标准化的重要部门。业务辅导部门对文献工作标准化的重视程度，会直接影响一个地区图书馆事业的标准化进程。首先，通过辅导工作，提高图书馆工作者对文献工作标准化的认识；其次，严格按文献工作标准化的文件精神，制订服务工作计划与安排，编写业务培训教材；最后，举办各种实施标准化的培训班。

3. 有助于加强科学管理

帮助辅导对象加强图书馆科学管理是业务辅导工作的重要内容之一。主要表现在三个方面。

第一，促进图书馆的宏观管理。业务辅导的宗旨就是促进各级党委、政府及文化主管部门对图书馆事业的重视与领导。通过制定总目标和具体措施，来实施对图书馆事业的控制与管理；通过开展评比与交流活动等，促进图书馆事业的整体发展。

第二，促进图书馆履行社会职能。业务辅导工作在促进图书馆科学管理方面的另一个作用，就是帮助辅导对象确定职能部门的设置与管理，推广各种行之有效的科学管理方法。图书馆所采用的各种科学管理方法是随着图书馆事业发展的实践而不断充实和完善的，其中"目标管理法""经济管理法""馆长负责制""岗位责任制"等方法，都是经过众多图书馆应用并证明是行之有效的科学管理方法，业务辅导工作有责任进行介绍和推广，从而促进图书馆社会职能的充分履行。

第三，促进图书馆规章制度的制定与完善。制定相应的管理工作条例和规章制度是关系到图书馆管理工作全局的一项重要任务，是关系到图书馆实施科学、规范、标准管理的重要步骤，是关系到图书馆巩固提高、长远发展的重要保障，因此，也成为业务辅导工作帮助对象加强科学管理的另一项重要内容。

4. 有利于图书馆人才的培养

以培训促发展，是业务辅导工作促进图书馆事业发展的重要内容和有效手段。图书馆事业不断变化与发展的现实，使得那些图书馆在职人员必须进行培训与继续教育。图书馆员是终身学习的倡导者，也必须是终身学习的实践者。

**（二）业务辅导的不同方法**

我国图书馆开展业务辅导工作已经有80多年的历史，经过80多年的不断发展与总结，逐步形成了按系统分工，按地域包干，多层次的，以巡回辅导、阵地辅导、经验交流、学术研讨、调查研究为手段，以业务培训为重点的具有中国特色的业务辅导模式。但是，由于各地区图书馆在性质、任务、人员结构和工作条件等方面情况的不同，因而，对各馆的辅导方法不可能完全一样。必须根据各馆的具体情况，采取不同的方法，给予不同的业务辅导。

第一，以业务研究来促进和提升业务辅导的工作水平。为了不断提高业务辅导工作的水平，就必须认真地开展业务研究，缺乏研究的力量，就谈不上高质量的业务辅导，而业务辅导工作的实践又是开展业务研究课题的源泉，它不断地给研究工作提供迫切需要解决的研究课题。把业务研究工作的成果及时运用到业务辅导工作上，又能促进整个图书馆工作水平的提高。因此，业务辅导与业务研究是相互依存、相互促进的，二者不能偏废，必须有机结合起来。

第二，采取灵活多样、具体有效的辅导。辅导工作不能千篇一律，在认真调查研究的基础上，实施以重点辅导为主，以书面辅导、会议辅导为辅的原则，进行解答、参观、远程和巡回辅导。

书面辅导：对于一些需要详细解释的问题，可以通过书面方式进行辅导。例如，编写相关的指南、手册、教程等资料，提供给员工或读者使用，帮助他们更好地理解和掌握所需的知识和技能。

会议辅导：对于一些需要集体讨论和交流的问题，可以通过会议的方式进行辅导。例如，组织专题讲座、研讨会、座谈会等会议，邀请专家或业务骨干进行讲解和交流，促进员工或读者之间的互动和学习。

解答辅导：对于一些具体的问题或疑惑，可以通过解答的方式进行辅导。例如，设置专门的咨询窗口或在线平台，接受员工或读者的咨询和提问，给予及时、准确的解答和指导。

参观辅导：对于一些需要实地了解的问题，可以通过参观的方式进行辅导。例如，组织实地考察、现场观摩、操作体验等活动，让员工或读者亲身体验和了解相关的工作流程、操作规范、设备使用等实际情况。

远程辅导：对于一些需要跨地域解决的问题，可以通过远程的方式进行辅导。例如，利用网络视频会议、在线教育平台等技术手段，进行远程授课、交流和指导，打破地域限制，实现跨地域的学习和交流。

巡回辅导：对于一些需要针对不同地区、不同单位解决的问题，可以通过巡回的方式进行辅导。例如，组织巡回讲座、示范表演、经验交流等巡回活动，在不同地区、不同单位进行循环辅导，覆盖更广泛的受众群体，提高辅导效果和影响力。

总之，在实施业务辅导时，应该根据实际情况和需求采取灵活多样的方式和方法，尽可能做到具体有效、针对性强、覆盖面广、效果显著。同时，还需要不断总结经验教训，及时调整和优化辅导方案和计划，不断提高业务辅导工作的质量和水平。

# 第四节　图书馆业务管理的大数据应用

大数据时代的到来，不仅影响着图书馆的发展，同时也给图书馆带来了全新的调整。"在大数据背景下，根据其自身的特点与优势，对图书馆的管理模式进行了完善与创新，对图书馆相关人员的工作模式、图书馆业务模式等都进行了创新，从而提升图书馆的发展。"[①]

## 一、大数据的概述与特征

大数据的涌现是时代演进的产物，象征着新知识和技术的涌现，对于人们的生活、学术和职业领域都产生了深刻而广泛的影响。其所包含的信息不仅在数量上庞大，更蕴含着深层次的内涵，尽管对于其概念尚未形成普遍共识，但其特性却得到了广泛的认同。

大数据的特质为图书馆业务管理带来了巨大的机遇，其信息容量之巨大为图书馆所传承的信息数据注入了新的活力。这些数据不仅量大，更呈现出多样化的信息类型，构建了一个庞大而复杂的数据集。这使得图书馆能够更全面、更深入地理解其所管理的信息资源，为用户提供更加全面、精准的服务。

大数据的数据集十分庞大，借助云计算等先进技术，图书馆能够迅速而高效地分析这一庞大的数据集，为用户和图书馆管理人员提供高价值、个性化的信息服务。这不仅提升了图书馆服务的效率，更使得用户能够更便捷地获取所需信息。大数据的引入为图书馆业务管理注入了新的活力，使其能够更好地适应信息时代的发展趋势。

## 二、基于大数据的图书馆业务管理问题与挑战

在图书馆业务管理中，大数据的广泛应用也引发了一系列复杂而重要的问

---

① 张政协.大数据背景下图书馆业务管理模式探讨[J].办公室业务，2019，（08）：43-44.

题与挑战。

首先，由于大数据的实时增长和读者需求的多样性，图书馆的数据信息量呈现爆发性增长，同时，读者阅读需求也呈现出多样化和个性化的趋势。这对传统的管理模式构成了严峻的冲击，迫使图书馆必须调整存储结构，以确保其具备合理性和科学性，以满足不同读者的异质性阅读需求。

其次，大数据的应用导致图书馆数据分散到不同的服务和管理平台体系中，这加大了数据在不同系统中的频繁移动，给管理人员的数据管理能力带来巨大的挑战。一些管理人员依然停留在传统的管理模式中，难以有效地利用大数据技术提取有价值的信息，从而使得图书馆在面对分散的数据时面临更为复杂的问题。

再次，大数据的运用导致图书馆信息数据量急剧增长，呈现出多样性和复杂性。传统的业务管理模式已无法满足这一海量数据的存储与计算需求，因此，图书馆迫切需要明确数据中心设备的高效性和安全性，以适应未来的发展需求。

最后，随着数据量的增长，图书馆数据的运用价值可能出现下降趋势，这使得大数据技术应用面临一定的局限性。为了应对这一挑战，图书馆需要借助大数据的优势，积极改变传统的管理模式。图书馆应当以共享、开放、合作为导向，实现数据信息的共享，以满足读者异质性阅读需求。这意味着图书馆需要通过业务模式的变革，充分发挥大数据的潜力，使其成为提高服务质量和满足读者需求的强大工具。

### 三、基于大数据的图书馆业务管理的对策

#### （一）构建动态采购平台

在大数据时代，图书馆业务管理的核心焦点已转向信息资源，这对于提升服务质量至关重要。为充分利用大数据的特性，图书馆应当进行深入的数据分析，综合考虑服务对象和财务状况，以制定明智的采购策略，从而提高大数据库的有效性。

为了有效应对这一挑战，构建动态采购平台被认为是一种有效的手段。通过该平台，图书馆能够积极收集读者的阅读信息、出版社的动态情况以及供应商的实际供应情况，从而建立系统性的图书馆评价机制。云计算技术的应用进一步加强了信息的获取、分析和提取的价值，通过设置权限确保了信息的安全性。

动态采购平台的引入不仅简化了图书馆的采购流程，还实现了供应商、出版

社和书名信息的整合，为读者提供了更为便捷的服务，实现了实时选书的可能。通过深入分析读者的选书记录，图书馆能够更好地了解读者的阅读偏好，从而调整采购策略，提高图书馆资源的利用率。这一系统性的数据驱动方法不仅使图书馆更加智能化，也使其能够更好地满足读者的需求，实现信息资源的最优配置。

### （二）构建风险评估模型

图书馆的业务管理模式与服务管理模式密切相关，业务管理模式的偏差直接影响服务管理效应。在图书馆业务管理模式的引导下，建立风险评估模型可对业务管理模式进行科学评估，从而减少经营管理中的风险，并提升服务质量。这一模型的构建应侧重于细致的风险分析，涵盖技术、经费、设备和供应商等方面的数据，以确保全面规避潜在的经营风险。

在数字化图书馆初期，收集相关技术、经费、设备和供应商信息数据是关键一环。通过对这些数据的深入分析和评估，可以有效地规避各种风险模式，确保数字化图书馆的顺利运营。这一过程旨在建立全面、可持续的数字化图书馆经营管理模式，确保其在长期发展中稳健可靠。

构建风险评价模型有助于科学分析图书馆往来信息数据，提升信息数据分析的智能水平，从而降低经营管理模式的风险。通过对图书馆运营中产生的各类信息进行系统性评估，可以更好地预测和应对潜在问题，使图书馆在信息时代更具竞争力。这种科学的风险评价模型不仅有助于经营管理的稳健性，也推动了图书馆服务的智能化发展。

### （三）构建数据挖掘系统

随着读者在信息获取过程中不断产生新数据，图书馆管理人员得以利用这些数据更全面地理解读者的阅读偏好。为了更深入地洞察读者的阅读需求，建立数据挖掘系统的重要性不容忽视。通过构建数据挖掘系统，图书馆能够通过对读者信息数据的分析，实现对读者阅读需求的深刻理解。

在构建数据挖掘系统的过程中，用户资料信息成为数据分析的首要关注点。通过了解读者的阅读类型和地域，图书馆能够精准推送信息数据，提升服务质量。同时，用户到图书馆的数据对于实现线上线下业务管理至关重要，可以促进图书馆的全面发展。

重视线上线下业务管理是大数据技术应用的一个关键方面。通过引入大数据技术，图书馆能够改革线上管理模式，提升业务管理效率。同时，对线下管理模式的关注有助于促进图书馆的综合发展，使其在数字化时代更具竞争力。

为了优化数据挖掘的有效性，建议通过读者到图书馆借阅书籍信息构建读者档案，并将其纳入数据库。这一做法不仅有助于提高数据挖掘的准确性，还能增强对读者需求的洞察，为图书馆提供更精细化的服务。

**（四）提升图书馆管理人员综合素养**

大数据技术在图书馆业务管理中的应用标志着图书馆管理迈向智能化、科学化和信息化的新阶段。然而，这一进程并非毫无挑战，而是构成了一系列复杂的问题，要求管理人员全面提升综合素养，以更好地适应和引领这一变革。

首要挑战在于传统的图书馆管理模式深深扎根于组织结构中，这导致了部分管理人员对新模式存在抵触心理。这种心理障碍不仅影响了大数据技术在业务管理中的应用效果，而且需要管理人员不断提高其业务管理水平以更好地运用这些技术。

为了克服这一挑战，制定明确的业务管理模式是必要的。此外，实施有效的培训制度，为管理人员提供提升平台，构建培训方案以普及大数据在图书馆业务管理中的重要性也是至关重要的措施。这样的努力有助于打破传统模式的束缚，推动管理人员迅速适应新的管理模式。

另外，为了提升管理人员的业务管理水平，聘请专业化的管理团队至关重要。这不仅可以增加专业素养，还能构建卓越的业务管理服务团队，使得大数据技术更好地为图书馆服务。

管理人员的自主学习和能力提升也是迎接挑战的有效途径。通过倡导管理人员利用互联网教育资源进行自主学习，以及运用微课、慕课等手段提升业务和信息技术应用能力，可以不断强化他们在大数据技术领域的实际操作技能。

最终，为促进图书馆的持续发展，需要增强管理人员对大数据应用的认识。通过自主学习模式，推动图书馆实现业务的不断创新和提升，使其在信息时代保持领先地位。因此，大数据技术在图书馆业务管理中的应用不仅是一场技术变革，更是对管理人员综合素养和认知水平的全面提升的迫切需求。

综上所述，将大数据技术运用到图书馆业务管理中不仅是图书馆未来发展的主趋势，也是读者对图书馆的期许，更是社会发展的必然形式。因此，在图书馆业务管理中，应重视大数据的运用，借助大数据技术的优势、特点，实现图书馆业务管理的精准性、科学性、智能性，进而促进图书馆的可持续发展。

# 第四章　现代图书馆阅读推广及工作机制

## 第一节　阅读推广概述

阅读是包括图书馆在内的各类文化与教育机构所提供的一项基本公共服务。近年来，阅读推广成为国内学界和业界都很关注的热点话题之一。概而言之，"阅读推广是指各级各类图书馆、出版与发行机构、媒体、网络、政府及相关部门和社会团体与个人为培养读者阅读兴趣、提升读者阅读水平、促进公众阅读所开展的有关活动和工作"①。

### 一、阅读推广的内涵阐释

阅读推广是图书馆及社会相关方面为培养读者阅读习惯、激发读者阅读兴趣、提升读者阅读水平，进而促进全民阅读所从事的一切工作的总称。阅读推广是人类特有的社会活动与行为，属于社会科学的学科范畴，是由阅读学与推广学的领域交叉而成的边缘性新兴学科。从其推广的目的性而言，属于非营利性的"服务型推广"与"教育型推广"相融合的理论范畴；从其推广的内容与对象而言，包括语言、文字、符号、图像等所负载的知识、技术、情报信息、数据以及人类所有文化艺术的总和。

图书馆界对阅读推广理论的研究不仅是为了顺应国家战略要求，更是为了承担社会责任、提升自身形象。我国图书馆界对阅读推广概念进行的研究，不仅影响了相关理念和实践，还带来了新的思考。这种思考不仅限于理论层面，还延伸到了实践领域。阅读推广活动强调多元组织者通过分工合作，共同推进

---

① 邱冠华，金德政. 图书馆阅读推广基础工作 [M]. 北京：朝华出版社，2015：5.

全民阅读，形成多赢的循环。这种协同合作的方式不仅能够更好地实现全民阅读的目标，还有助于图书馆界的自我提升，树立更加积极的公共形象。

图书馆在阅读推广中的核心作用正在逐步扩展到全民族、全时空的范围。这一变革的推动力之一是信息技术的不断发展和广泛运用，它们已经决定了图书馆在阅读推广中的地位。图书馆不再仅仅是收藏和提供书籍的地方，而是成了一种跨越多种空间、平台、渠道、媒介和关系的文化教育机构。

图书馆的阅读推广旨在培养国民的阅读兴趣和习惯，提高阅读水平、文化素养和文明素质，以此来提高国民的素质和社会文明程度。这一目标将图书馆置于全民阅读活动的前沿，使其不仅承担起了传承文化的责任，还成为国家素质教育的重要支持者。

在图书馆阅读推广中，读者主体地位的确立至关重要。这意味着图书馆需要注重不同读者群体的心理特征、需求和阅读水平，将读者视为阅读推广工作的中心。这一理念的贯彻将推动图书馆事业迈向新的发展阶段，为不同人群提供个性化的阅读体验。

图书馆以其专业性特质参与全民阅读活动，并承担社会责任。这不仅树立了图书馆的专业形象，还表明它们积极致力于为社会做出贡献、推动文化和知识的传播、培养公民的阅读能力和文化素质。

国民阅读习惯的养成以及阅读水平和文化素质的提高为图书馆事业提供了新的发展机遇和前景。随着越来越多的人将阅读作为获取信息的重要途径，阅读推广的过程也变得更加多样化和全面化。全民阅读对图书馆事业的发展具有历史性的机遇，它为图书馆提供了扩展影响力和服务范围的机会。

## 二、阅读推广的功能表现

阅读推广作为机构部署的一种推广阅读的文化活动，其功能也主要表现在传承文化、教化民众、促进创新、助力生产四个方面。

### （一）传承文化

阅读是传承文化的重要手段。书籍作为人类文化的主要承载物，无论其保存在个体还是群体手中，如果没有阅读，书中文化也不会自动传承。

图书馆阅读推广在传承文化方面的作用主要体现在以下几个方面。

保护和传承文化遗产：图书馆作为文化和知识的宝库，收藏了大量的文献和古籍，这些资源不仅代表着不同时期的人类智慧，也是人类历史和文化遗产的重要组成部分。图书馆通过收集、整理、保存和传承这些文化遗产，使得后人能够了解和继承先人的智慧结晶，进一步推动文化的传承和发展。

传播和弘扬文化：图书馆作为公共文化服务机构，不仅具备收藏和保护文化遗产的功能，更有传播和弘扬文化的使命。图书馆通过举办各种阅读推广活动，如讲座、展览、读书会等，帮助读者了解和认识各种文化形式和价值观念，促进文化的传播和交流。

培养文化素养：图书馆阅读推广的另一个重要作用是培养读者的文化素养。通过提供丰富的阅读资源、营造良好的阅读环境、引导读者选择适合自己的阅读材料，图书馆能够帮助读者提高阅读能力、拓宽视野、增强文化素养。

推动文化创新：图书馆不仅具备保护和传承文化的功能，还能够推动文化的创新和发展。图书馆通过收集、整理、分析各种文化资源，为科研、教育、创作等提供支持和参考，促进文化的创新和发展。同时，图书馆还通过提供丰富的阅读材料和多样化的阅读方式，激发读者的创新思维和想象力。

### （二）保持创新

创新是推动人类进步和社会发展的不竭动力，阅读则是创新的摇篮。站在巨人的肩膀上前进，指的就是人类的创新需要基础，这个基础就是前人的知识和智慧。只有先继承前人成果，并在此基础上发展和提高，创新才可能实现，那种无源之水、无本之木、凭空捏造的创新是不存在的。此外，创新成果的推广也离不开阅读。任何一种思想、理论、方法、技术、发现、创造等，问世后若被禁闭于其发明人、发明地，那么，它的作用几乎可以忽略不计。只有记录于载体、推广于社会，其价值才能得以实现。正如有识之士所言：阅读习惯和阅读能力的欠缺将极大地损害人们的想象力和创造力，而想象力和创造力是一个国家、一个民族永葆活力的源泉。

### （三）助力生产

知识经济时代，科技是第一生产力，更是先进生产力的集中体现和主要标志。科学的本质是创新，创新的关键在人才，人才的成长靠教育，而教育离不开阅读。因此，阅读对生产的促进作用主要体现在通过阅读文献来获取先进的技术、提高劳动者的素质上。只有通过广泛的阅读，才能在继承前人经验和了解最新科学技术资料的基础上有所创造、有所前进。只有站在巨人的肩膀上，才能够以更加高远的立意，找到改革和创新的途径，解放和发展生产力。发展经济的关键是生产力，而作为生产力最核心要素的人必须是有知识、有能力的人。这就决定了阅读直接关系到生产力的发展水平和人的素质的高低。

书籍的力量要通过阅读才能实现。因此，个体可以通过阅读优秀作品走向卓越，国家可以通过阅读推广倡导国民阅读优秀作品来间接提升综合国力。阅读能力作为一种被忽视已久的特殊"生产力"，需要被高度重视、积极养成。

### 三、阅读推广的特有属性

根据推广学视角的"阅读推广"定义，阅读推广除了具有干预性、沟通性、自愿性、公益性、机构部署性等"推广"的基本属性外，还具有推广主体的多元性、推广客体的丰富性、推广对象的明确性、推广服务的活动性、推广效果的滞后性等特有属性。

#### （一）推广主体的多元性

阅读的重要性决定了阅读推广的重要性，阅读推广的重要性决定了阅读推广主体的多元性。阅读推广主体是特定阅读推广项目的策划者、组织者、实施者和管理者。凡是可以提高国民素质的机构、企业、团体都有开展阅读推广活动的责任。近年来，从国际组织到各国政府、图书馆界、出版界、非营利机构、教育机构、医疗机构、大众传媒机构等均推出了相应的阅读推广项目，因此都是阅读推广主体。其中，阅读推广的国际组织主要有联合国教科文组织、国际图书馆联合会、国际阅读协会、国际儿童读物联盟等，阅读推广的非营利机构包括基金会（如韬奋基金会）、志愿团体（如网络公益小书房）、民间组织（如万木草堂读书会）、行业协会（如中国图书馆学会）等。不同阅读推广主体对个体阅读引导的效果也会不同。当前，全民阅读推广工作的长期性、艰巨性决定了多元阅读推广主体之间长期共存、合作共赢的关系格局。

#### （二）推广客体的丰富性

阅读推广客体指阅读推广的内容，主要包括阅读读物、阅读能力和阅读兴趣三个部分。图书、报纸、期刊等文献资源是阅读推广的基础。从全球范围看，阅读推广的读物不仅包括纸质资源等传统出版物，电影、音乐、游戏、网页等电子资源也属于推广的范畴。提升阅读能力是阅读推广的主要目标，通过识字能力、内容理解能力、阐释能力、批判分析能力和创新能力等多个方面，较容易地通过量化的指标和方式进行评估和测试。阅读兴趣则是指持续的阅读意愿倾向，增强阅读意愿是阅读推广较难达到的目标。阅读读物的海量性、阅读能力的参差性、阅读兴趣的内隐性成就了阅读推广客体的丰富性。

### （三）推广对象的明确性

阅读推广对象是指阅读推广项目的目标群体，即需要被鼓励、引导和帮助的对象。在阅读推广中，全体国民是社会阅读推广的对象，因为阅读是每个人应该享有的权利和义务。但是，在具体的阅读推广项目中，目标群体可能更加明确和具体。例如，儿童阅读推广项目通常以儿童和家长为目标群体，通过举办读书会、故事会等形式来鼓励儿童阅读。高校图书馆的阅读推广项目则主要面向大学生和教师，通过提供电子资源、举办讲座等方式来促进学术交流和文化传承。

此外，针对不同年龄段、不同职业和不同兴趣爱好的人群，阅读推广项目也需要有明确的目标群体。例如，针对老年人的阅读推广项目可能需要以社区为单位，并通过举办健康讲座、读书分享会等形式来吸引老年人的参与；针对农民的阅读推广项目则可能需要以农业技术书籍为重点，通过发放图书资料、举办培训班等形式来提高农民的农业技能和文化素质。

总之，阅读推广项目的目标群体越明确，推广的效果就越有针对性。因此，在策划和实施阅读推广项目时，需要充分考虑目标群体的特点和需求，制定符合其需求的推广策略和措施，真正达到推广阅读的目的。

### （四）推广服务的活动性

阅读推广是一种关于阅读的文化活动。阅读推广服务通常是以活动的形式提供的。每一个阅读推广项目都离不开阅读活动的开展。项目规模越大，活动就越丰富多彩。中国的全民阅读活动，形式更多样，如"源远流长的中华典籍"大型广场活动、"书香中国"电视特别节目、图书馆阅读服务宣传周、高校图书馆的读书月，以及图书漂流、读书竞赛、微书评、真人图书馆等常用阅读推广形式。因此，与图书外借阅览等传统服务相比，阅读推广是一种活动化的服务，而且是一种受益读者相对较少、服务成本相对较高的活动化服务。

### （五）推广效果的滞后性

阅读推广效果是指开展阅读推广产生的影响和结果。阅读推广主体开展阅读推广活动，不能仅满足于完成计划，保证阅读推广的质量更为重要。阅读推广的效果通过阅读推广对象的变化体现出来，这些变化主要表现在个体的知觉、态度、行为、习惯等方面。阅读推广的知觉效果是指通过阅读推广是否使人们对"阅读"有了初步的认知和感觉，是否增加了有关"阅读"的知识量，这是一种浅层效果；阅读推广的态度效果是指阅读推广是否激发了人们对于"阅读"的热情，是否使人们产生了热爱阅读的主动态度，这是一种中层效果；阅读推广的行为效果是指阅读推广是否使人们在行动上有所实施，是否能够理性地将一定精力和时间投入阅读之中，使自己的阅读能力和文化素养不断提高，这属于深层效果；阅读推广的习惯效果是指阅读推广是否让人们养成了良好的阅读习惯，使阅读生活化、常态化，这属于最佳效果。由于个体的知觉、态度、行为变化的渐进性与内隐性，以及习惯养成的长期性，使得阅读推广效果具有了滞后性，且难以观测和量化。

## 四、阅读与阅读推广的关系

阅读是国民学习的一种方式，是通过图书、报刊、网络等媒介获得知识的过程；阅读推广是图书馆等社会机构指导国民阅读和推动社会阅读的行为。从宏观上说，阅读和阅读推广都是国民阅读范畴内的工作；从微观上说，阅读和阅读推广处在国民阅读工作的不同层面。因此，它们之间既有着不可分割的联系，也有着内容和方式上的区别。

### （一）阅读推广对阅读的推动作用

阅读推广就是推动阅读和扩大阅读，也就是通过阅读推广机构和阅读推广人的努力，让更多的人喜欢读书、善于读书，更有收获、更有成效地读书。

第一，阅读推广有助于扩大读者对读物的知晓度，提高读者对读物选择使用率。个体读者对读物的知晓度还是非常有限的。通常来说，读者选择读物主要有四种方式。一是急切需要，工作中需要提升的知识、学习中需要解决的问题、生活中困惑的问题、考试前复习用书等，让读者按"需"索"书"，"救急应付"式的阅读者是很多的。二是个人爱好，对某一方面有兴趣爱好，一直保持高度关注，也是选择阅读的一个常见现象。三是别人推荐，看见别人阅读得投入或听到别人介绍得有趣，选择同样读物的人也并非少数。四是随机随缘，纯粹是消遣式的，有书就读，没书也无所谓；读任何一本书都是一回事，觉得好看就多看看，觉得不好看就少看。上述四种阅读选择，从根本上来说，都是无规划的阅读或者是不系统的阅读。阅读需要"广"和"博"的结合，才能实现人的知识面的"宽"度与"深"度均衡发展，才能更好地获得人生和事业的发展，才能有效地提高国民文化素养。阅读推广就是从全面的角度，让读者知晓更多适合自己的图书，并指导读者规划阅读方向，有步骤地开展系统的阅读，不断提高文化知识水平。

第二，阅读推广有助于形成良好的社会阅读氛围，引导国民健康阅读。阅读推广工作的落脚点在"推广"，就是通过将优秀的图书、优秀的活动和优秀的阅读方法推广出去，让更多的读者知晓并借鉴。阅读推广最优秀的成果就是形成群体效应，也就是让更多的人走进阅读，并形成良好的阅读氛围，形成一个"阅读圈"，让"圈"中人互相感应、互相学习、共同提高。同时，阅读推广组织通过对优秀读物的推荐、对阅读组织的引导，能够积聚科学阅读和健康阅读的正能量，引领国民阅读的前进方向，为社会文明进步起到良好的引导和促进作用。

第三，阅读推广有助于指导读者使用正确的阅读方法，提高读者阅读的效果。每一位个体读者都有自己的阅读偏爱和习惯，这就形成了各具特色的阅读方法。每一个读者的阅读，有成功的经验也有不良的习惯，有的方法利于阅读，有的方法效率很低。阅读推广工作可以通过与读者的充分交流，选择优秀的阅读方法，供读者分享；也可以通过一些具体的阅读实践，改变那些低效的和不良的阅读方法，这样可以提高阅读的效果。

### （二）阅读对阅读推广工作的能动作用

阅读推广对阅读有着正向的推动和促进作用，但阅读并不只是被动地受制于阅读推广，阅读工作的顺利高效开展，对阅读推广工作也有着能动的反作用。

第一，大众化阅读能为阅读推广提供广阔的实践园地。阅读推广是在阅读基础上的推广，没有阅读就谈不上推广。参与阅读的"人"也就是读者，是阅读推广的基本对象。特别是大众化阅读的形成，能使阅读推广的基础更厚实。大众化阅读，读者的阅读风格多种多样，阅读方法各有不同，阅读需求千姿百态，阅读收获丰富多彩。这些既为阅读推广工作创造了基础性条件，也为阅读推广工作提供了实践园地。

第二，有效的阅读能为阅读推广建立丰富的理论基础。阅读推广工作除了开展具体的活动外，还需要相关理论的武装和指导，这就是阅读学、社会组织学、传播学等学科知识。这些知识不仅来自书本，也来自实践，只有阅读工作的全面有效开展，阅读推广者才可能去分析、提炼和总结。阅读特别是大众阅读的全面开展，能为阅读推广理论知识的形成提供鲜活的事例，有失败的教训也有成功的经验，特别是有效阅读的取向、方法和策略，是阅读推广工作最宝贵的理论财富。

第三，阅读方式和理念的更新，促进了阅读推广工作的不断创新。事物总在发展中前进，无论道路是平坦还是坎坷。人类的阅读也在进步之中，因为，后人总是在吸收前人经验和教训的基础上，不断丰富和提高自己的能力。可以说，每一天，阅读都在革新和发展之中，因为有阅读媒介的更新，有阅读知识的更新，有阅读方式方法的更新，也有阅读理念的更新。阅读在更新，阅读推广工作也必须与其同步更新，才能拥有读者，才能成功地开展下去。所以，阅读方式和理念的更新，也推动和促进着阅读推广工作的进步和创新。

# 第二节　阅读推广方式与媒介建设

## 一、阅读推广的方式

### （一）推荐书目

推荐书目是阅读推广的重要方式之一，构建阅读社会可以从推荐书目开始。

1. 推荐书目的含义

推荐书目，又称文献目录，是一项重要的文化资源，旨在引导读者治学、获取知识，以满足特定读者群体的需求。《中国大百科全书》明确界定了这一概念，将其定义为一种书籍列表，用于文献指引和知识普及。从图书馆学的角度来看，推荐书目更是一门艺术，需要经过精心编选，以帮助读者深入研究特定问题，指导他们选择适当的书籍，建立系统的理论知识体系。

推荐书目具有快速、高效的优点，对作者和读者都具有积极作用。它不仅为读者提供了方向，还为作者提供了机会，使他们的作品更容易被发现。因此，推荐书目已经成为当前图书馆阅读推广工作中的重要方法之一。这一概念在中国古代的书院和私塾教育中已经存在，传统上，老师向学生传授如何选择和阅读书籍的技巧。随着近代社会对全面人才的需求不断增加，推荐书目的作用变得更加明显。现代社会中，图书馆的丰富文献资源已经成为推动人才发展的重要因素之一。高校图书馆致力于引导读者多读书、读好书，以满足社会对高素质人才的需求。

2. 推荐书目的作用体现

推荐书目在读者选择阅读材料时扮演着至关重要的辅助工具的角色。它是阅读世界的指南，为人们提供了更加全面和有针对性的选择。推荐书目的优势不容小觑，它们不仅有助于选书，还为读者提供了更深入的阅读体验。

第一，推荐书目具有为不同读者选定不同主题的图书的能力。无论是学生、专业人士还是爱好者，每个人都有自己的兴趣和需求。推荐书目可以根据不同人群的特点，为他们提供定制化的阅读建议，确保每位读者都能找到符合其兴趣的书籍。

第二，推荐书目不仅告诉读者应该读什么书，还指导他们如何读书。它提供了关于阅读材料和方法的宝贵建议，帮助读者更好地理解和吸收书籍的内容。这种指导有助于提高读者阅读水平，并让人们更有条理地阅读，进而形成良好的阅读习惯。

第三，推荐书目为读者提供客观评价，供他们参考。这些评价可以帮助读者更好地了解书籍的质量和内容，从而做出明智的选择。这种客观性也有助于消除主观偏见，使读者更加开放和多元化地接触不同类型的书籍。

第四，推荐书目有助于人们养成良好的阅读习惯和价值理念。通过推荐书目，读者可以接触到各种各样的文化、思想和观点，从而拓宽自己的视野，培养更加综合和宽容的价值观。

第五，推荐书目解决了两个重要问题：读什么书和怎样读书。它充当了优秀图书的宣传广告，引导读者进入精彩的文学世界。通过书目推荐，图书馆可以更好地满足读者的需求，影响他们的阅读目的、内容和方法，提高他们的阅读水平和文献利用效率，从而提升他们的人文素养。

第六，推荐书目对图书馆的馆藏资源利用率产生积极影响。它帮助读者更好地利用馆内的书籍，解决新书借阅率低和零借阅图书的问题。这有助于图书馆更加高效地管理其资源，确保馆藏得到充分利用。

第七，推荐书目是图书馆服务的重要手段，有助于创新阅读服务。通过不断更新和改进推荐系统，图书馆可以激发读者的阅读热情，提高他们的满意度，进而提升他们的人文素养水平。

第八，推荐书目在社会阅读活动中变得越来越重要，成为不可或缺的组成部分。随着信息爆炸和书籍数量的增加，人们需要更多的帮助来筛选和选择合适的阅读材料。推荐书目填补了这一需求的空白，为读者提供了更加个性化和高效的阅读体验。

### （二）图书馆讲坛

图书馆讲坛扮演了多重重要角色，不仅是市民精神生活的丰富源泉，更是图书馆在履行社会教育、智力培养和信息传递职责方面的主要工具。它不仅肩负着引导思想和传播知识的社会责任，还以广受欢迎的方式，向公众传递新思想和知识。

图书馆讲坛在图书馆的外部服务中起着关键作用，吸引了大量渴望学习的人们。对于许多人来说，参加图书馆讲坛是一项重要的人生活动，他们受益于各种讲座，汲取文化的滋养。

1. 图书馆讲坛的主要特点

（1）内容的丰富性。随着社会的不断发展，人们对知识的需求也变得日益广泛和多样化。这种需求不仅涵盖了政治、经济、天文、历史、文化、法律等多个领域，还扩展到社会民生的各个方面。为满足这一广泛的知识需求，各地的图书馆积极开展了系列讲座活动，成为社会中不可或缺的知识传播平台。在讲坛活动中，图书馆通过深入的调研和问卷调查，积极了解社会民生热点问题，从而精心策划和打造多个备受欢迎的系列讲座。这些讲座旨在将高端知识与本土需求相结合，通过传统智慧与实用技能的有机融合，满足不同人群的知识追求。与此同时，这些讲座也注重地域文化的传播，努力将知识普及与地方特色相融合，为社区和城市的文化建设做出了积极贡献。

（2）时间的持续性。图书馆讲坛通常在节假日定期开讲，每周举办一次或两次以上。这种高持续性确保了听众可以在不同的时间点参与讲座，充分利用图书馆资源，不受时间限制。与其他媒体讲坛相比，图书馆讲坛具有现场互动的优势，这些讲座允许听众与专家学者进行互动，提出问题，分享见解，从而深化了讲座的效果。这种互动不仅促进了知识的传递，还建立了与讲者之间的密切联系，让参与者更加深入地理解和体验讲座内容。

（3）对象的大众化。图书馆讲坛的语言生动通俗，适合不同层次的读者。这确保了图书馆讲坛的对象大众化，是一个公共文化服务平台。无论是本市市民、外来务工人员还是弱势群体，都能免费参与并理解讲座内容。这种普及性和公益性使讲座不受社会地位或教育水平的限制，为更多人提供了学习和文化交流的机会。

（4）鲜明的导向性。图书馆讲坛旨在引领多元文化以主流价值观为导向。这一特点使其成为一个有益的平台，承担了神圣的使命，帮助大众了解主流价值取向。通过这种导向性，讲座不仅传递知识，还培养了听众的文化素质，促进了社会和谐发展。

（5）形象的品牌化。图书馆讲坛的品牌形象不仅受名称和服务理念的影响，还与其讲座的核心构成密切相关。这包括选题、内容、质量和主讲人的选择。每个讲坛都有其独特的讲座主题，这些主题反映了其服务理念和宗旨。同时，固定的听众群体、举办的周期频率和传播方式也构成了讲坛品牌的重要组成部分。这些因素共同塑造了讲坛的形象，吸引了不同层次的听众，确保了讲坛的持续影响力和社会价值。

（6）传播的立体化。各个讲坛积极与多种媒介合作，以宣传它们的讲座活动。这些合作包括与电视、电台、报纸、网络和期刊的合作。通过这些媒介的广泛传播，能够将讲座信息传递给更广泛的观众，吸引更多人参与。此外，许多讲坛还建立了自己的网页，用于发布讲座信息和提供视频点播服务。有些讲坛还通过博客平台传播讲座内容，以增加知识的传播范围。

为了进一步扩大影响力，一些讲坛选择将一些优秀讲座出版成书籍或其他出版物，以便更多人受益于这些有价值的知识。

与此同时，许多讲坛也采取了数字化处理的方式，将现场讲座的录音和录像进行保存和处理。这些数字化资源不仅被赠送给不同的机构，也上传至网络和全国文化信息资源共享工程国家中心，从而进一步扩大了服务范围，让更多的人可以随时随地获取这些宝贵的知识资源。

2. 图书馆讲坛的功能体现

（1）教育功能。作为知识的宝库，图书馆讲坛是传播知识和思想的有效方式，为人们提供信息知识服务，发挥着重要的教育作用。这里不仅是学术研究的殿堂，还是开发民智、引领学习、培育好奇心的摇篮。通过各类讲座和学术活动，图书馆讲坛为社区内的人们提供了一个不断学习和成长的平台。

（2）服务功能。图书馆讲坛致力于满足多样性、多层次、多方面的文化需求，为社会大众提供了广泛的文化资源。同时，它也扮演着传播先进文化的角色，拓展了教育功能的边界。通过举办文化艺术活动、展览和座谈会，图书馆讲坛促进了社会和谐，体现了平等服务的理念，让不同社会阶层的人们都能享受到文化的乐趣。

（3）交流功能。图书馆讲坛是重要的文化传播和交流阵地，它承载着学科、历史、民族、国家文化以及科技的交流，是知识碰撞与交融的平台。它不仅是学者们的交流之地，也是师生、各个受众群体的交流之地。这种交流有助于推动文化的传承和发展，促进了不同文化之间的对话和理解，有助于构建更加多元和包容的社会。

（4）创新功能。图书馆讲坛不仅是选择、优化、存储和传播文化和科学知识的平台，还促进了知识的更新，引发了新的思考和认识。通过推动文化和科技的进步，图书馆讲坛培养了人们的创新思维能力。它鼓励人们在知识的海洋中探索，激发他们的创造力，推动社会的不断进步。

**（三）图书评论**

书籍的价值是多方面的，主要体现在其内容方面，包括知识性、科学性和思想性。这些因素决定了一本书对读者的吸引力和影响力。然而，要全面评估书籍的价值，需要采用多种手法，包括解读、鉴赏、分析和批判。评估可以是正面的，也可以是负面的，或者是正、负各占有比重的，取决于读者的观点和态度。

书评是一种特殊的评估方法，它是在科学观点下对图书进行客观、有见解的评论。通过书评，人们可以评判一本书的优劣以及各个方面的价值。这些评论不仅是个人意见的表达，还可以提供有关书籍的重要信息，包括题名、著者、出版者、作品内容、价值和形式等。

书评通过各种传播媒介广泛宣传，从而揭示了文献信息载体的多样化方法。这种传播有助于读者更好地了解书籍，并决定是否值得阅读。书评还为作家和出版者提供了反馈，帮助他们改进和提高作品的质量。

书评的时代性也是其重要特征之一。它强调了书评的社会义务和文化功能。随着信息爆炸和阅读选择的增加，书评成为一个指导阅读的重要工具。它为读者提供了新的信息和知识，帮助他们满足多样化的阅读需求，并提高阅读效率。此外，书评还有助于读者正确认识新书，找到适合自己的阅读材料，提高图书的利用率。

1. 图书评论的四种类型

图书评论是一种重要的文学形式，可分为四种主要类型：介绍性书评、随感式书评、赏析评介式书评和论文式书评。

（1）介绍性书评。介绍性书评主要重点在于向读者介绍图书的内容。这种类型的书评不仅是内容的简单概括，还需要包含明显的倾向性和鲜明的观点。介绍性书评应该避免单纯地复述图书的情节梗概，而是要为读者提供对作者的写作风格、主题和情感背景的深入理解。

（2）随感式书评。随感式书评主要侧重于书评者在阅读后产生的思想、感触和情感。这种类型的书评更为主观，内容不要求全面，通常包含个人的主观情感和观点。读者通过随感式书评可以更好地了解书评者与书中内容之间的情感共鸣，这有助于产生更深刻的阅读体验。

（3）赏析评介式书评。赏析评介式书评通常用于文学和艺术类作品。这种类型的书评要求书评者从审美角度把握、分析作品的美学空间。赏析评介式书评旨在既深入领会文本，又做深入的拓展分析和评论，使读者能够更好地理解作品的艺术价值和意义。

（4）论文式书评。论文式书评通常由专业编辑和研究者完成。这种类型的书评要求书评者具备深厚的知识和严谨的思辨能力，深刻了解作者和著作，并具备相关理论知识和学科背景。论文式书评的目标是提供有理有据、有思想、有深度和客观的评论。它的阅读范围通常较为专业和狭窄，因为要求书评者深入研究和分析书中的专业主题和问题。

2. 图书评论的写作方法

图书评论作为一种文体，在当今社会中扮演着引领阅读的重要角色，吸引了广泛的公众关注。这一形式充满了活力，不仅满足了人们的阅读需求，还促使书评者按照一定的步骤来撰写他们的评论。图书评论的写作方法包括以下步骤。

（1）选择图书。书评者应挑选那些内容新颖、见解独特且具有强烈现实性的书籍作为他们的评论对象。这一步骤的关键在于吸引读者的注意力，因此，选择恰当的书籍至关重要。

（2）认真阅读。这是书评者的基本职责，也是写出有深度的评论的关键。书评者需要花时间深入研究所选择的图书，仔细探讨其中的问题，并提炼出书中的要点。只有通过深入的阅读和研究，评论者才能够揭示出书中的精华和亮点。

（3）深入揭示图书的价值。书评者不仅应该指出书中的问题和不足，还应该推荐好书，但这需要入木三分地揭示其价值。书评者应避免轻描淡写和浅薄地评论，而要努力深入挖掘书籍的内涵，探讨它对读者的潜在影响以及它所提供的独特见解。只有这样，书评者才能够真正传达出一本书的真正价值。

**（四）读书会**

近年来，图书馆阅读推广工作的不断开展以及公民阅读意识的觉醒，已经催生了民间阅读组织的兴起。这些组织的多样性和活力，使它们成为全民阅读的重要推动力量之一。其中，读书会作为一种备受图书馆青睐的公众阅读活动，尤其引人注目。越来越多的图书馆开始举办读书会，以吸引用户参与阅读，这反映了阅读的重要性和社会的阅读热情。

关于读书会的分类，学术界采用多种标准：①根据主办单位的不同，将其分为社区读书会、班级读书会、图书馆读书会和家庭读书会等；②根据服务对象的不同，将其划分为少儿读书会、老年读书会、残疾人读书会等；③根据使用的语言来分类，如中文、英文、日文、法文读书会等；④根据传播方式的不同，可以分为面对面读书会、在线读书会和电视读书会。

在本书中，将读书会按照组织者的不同进行分类，主要分为院校类读书会、公共类读书会和民间读书会。

院校类读书会是高等院校内举行的一项重要活动。这些读书会的主要内容通常是专业书籍，旨在促进学术交流和教学实践。学生和教师可以通过参加这些读书会深化对专业知识的理解和应用。举例来说，西北政法大学的法学小组读书会和浙江大学的清源读书会都是院校类读书会的典型代表。

公共类读书会由图书馆或文化事业单位组织，旨在推动社会阅读。这些读书会得到了政府部门的支持和重视，各级文教单位也积极参与，此外，社区街道也积极组织读书会，如上海黄浦区金陵街道老年读书会。这些活动有助于形成全民阅读风气，让更多人受益于阅读的乐趣和知识分享。

民间读书会是由非院校和政府主导的群体性阅读活动。这些读书会分为商业宣传型和非商业型。前者依托于互联网、独立书店、博物馆等方式进行宣传，后者则是由个人或群体自发组织的非商业性质的读书会。这些读书会以书籍为纽带，形成不同主题和特点的"朋友圈"。它们采用线上组织和线下活动相结合的方式运营，借助平台如豆瓣发布信息、组织会员、记录活动，以促进读者之间的交流和分享。这种民间读书会的多样性和灵活性使更多人可以参与其中，享受到阅读和知识分享所带来的益处。

## 二、阅读推广媒介建设

阅读推广媒介，就是阅读推广主体在阅读推广过程中用以负载、传递、延伸特定符号和信息的物质载体。随着时代的发展，媒介环境越来越多样化，这意味着读者信息接收途径的多元化，也意味着读者阅读方式的多样化，这也对阅读推广提出了新的要求。不同的媒介环境下的阅读推广模式各有不同。在不同类型的媒介环境下，探索与之相匹配的阅读推广模式，才能更好地保证阅读推广的效果。

### （一）传统阅读推广媒介

传统推广媒介，主要指公开出版发行的报纸、杂志，阅读推广机构的印刷品，阅读推广活动的 LOGO 与口号，以及阅读推广活动中赠送的一些小物品等。

1. 报纸和杂志

报纸和杂志，它们本身就是读物，也是阅读推广的传统媒介。许多阅读推广内容，如读物、读书典故、阅读人物、阅读的技巧与方法、阅读推广案例、阅读推广项目广告、阅读推广活动报道等都适合在报纸杂志上刊登。时至今日，它们还有很广泛的受众基础，依然是阅读推广的重要媒介。

（1）报纸

报纸是以刊载新闻和时事评论为主的定期向公众发行的印刷出版物，是大众传播的重要载体，具有反映和引导社会舆论的功能。报纸的特点有：以纸张为载体，易保存，携带方便；价格较低，覆盖面大，读者广泛；报纸传播及时迅速；具有储藏性和反复阅读性；图文并茂，说明性、阐述性较强等。报纸作为一种存在和发展了数百年的信息载体，在社会中占有不可替代的地位。

报纸作为阅读推广媒介，有其优势。第一，传播信息，宣传引导。报纸传播的基本目的就是传播信息，把新近发生的事实以最迅速的方式告诉读者，让读者及时了解。阅读推广主体借助报纸传播，使其阅读推广项目为受众了解；宣传其拥有的资源，使读者知道其能从阅读推广主体那里获得什么；报道阅读推广活动盛况，让受众了解。第二，传播知识，陶冶情操。阅读推广主体可直接刊登书籍推介，使读者能直观地获得与书籍密切相关的信息，激发读者进一步阅读的热情，还可在报纸上推广个人阅读经验，让读者感受阅读的乐趣。第三，报纸类型齐全，受众广。每类报纸都能成为阅读推广的助力。读者在不同的地域生活，阅读偏好不同，可按所属区域范围做阅读推广，全国性报纸、省级报纸、地市级报纸就是这种地域性推广中很好的媒介。读者对信息类型的偏好，决定了阅读推广也要按信息领域分类。时政类报纸、经济类报纸、娱乐类报纸、生活服务类报纸、体育类报纸、法治类报纸等也为各类图书的阅读推广提供了很好的载体。其他像党报、都市报、专业性报纸，都有较为固定的受众，适合做一些有针对性的阅读推广。

（2）杂志

杂志，又称期刊，是面向公众，定期或不定期成册连续出版的印刷品。刊期往往在一周以上，半年以内，有固定名称，以卷、期或年、月顺序编号出版，每期版式基本相同。杂志具有发行面广，携带信息丰富；印制品质高，美感度较强；分类较细，专业性强；读者对象较固定，针对性强；保存期长，重复阅读率、互换阅读率高等特点。

杂志是阅读推广的一种重要媒介，它的优势体现在：第一，传播和宣传信息。杂志是一种信息产品和精神产品，向社会公众传播信息是杂志的首要功能，传播信息的同时，也在宣传某种思想或文化。在杂志上做读物推广和阅读意识推广，会有很好的效果。第二，专业性强，读者对象固定，针对性强。杂志比报纸更适合做分类阅读推广，因为它的种类更多更齐全，专业化倾向越来越明显，如按照读者的性别，有男性杂志和女性杂志；按照读者年龄有老年、中年、青年、少年、婴幼儿杂志；按读者职业有针对工人、农民、教师、商业工作者、军人、技术人员等的杂志；还有面向各个学科专业的学术性期刊。杂志的发行对象都是特定的社会阶层或群体，他们具有相对稳定的知识结构或文化消费习惯，在杂志上做阅读推广更能突出针对性。第三，时效长，传播效果持久。杂志具有比报纸优越的可保存性，读者可以将杂志保存后再次翻看，或者亲友间传阅，图书馆等机构也会收集管理期刊以便借阅。这样，阅读推广内容的传播效果会更持续耐久。

### 2. 专门印刷品

专门印刷品是指阅读推广主体将其简介、资源、服务项目、活动方案等内容印制在纸质载体上广为传发的宣传页。它与报纸和杂志的公开发行不同，是阅读推广主体可以控制的推广途径，有机构简介、宣传手册、自办刊物、海报等形式。

（1）内部刊物

许多阅读推广主体都有内部刊物。内部刊物一般分三类：第一类以业务交流为主，以工作人员、业内人士为阅读对象；第二类以促进读者阅读为主，以读者为阅读对象；第三类兼顾上述两种内容。直接具有阅读推广作用的是第二类，它是连接阅读推广主体和阅读推广对象的桥梁。内部刊物具有内容容量大、连续性好、自主性强等特点，阅读推广主体可以根据需要设定合适的篇幅与内容，因此，它是阅读推广很好的媒介。

以促进阅读为主要特征的内部刊物，其内容都是基于阅读推广主体的资源与服务，可以设置特定的专栏，适时根据情况设置专题。常规内容有新书信息、书刊推荐、特色馆藏、服务动态、活动信息、数据库推介等，也可刊载读者的阅读心得感悟、书评、建议和阅读相关的趣闻趣事等。这不仅能让读者了解阅读推广主体的基本情况，也引导读者发现原来阅读也是一种积极和快乐的生活方式，进而对阅读产生兴趣。在特别的时间段或节假日，可以出一期专题，如世界读书日、国庆节、寒暑假等时段。偶尔插入专题，紧贴时下阅读热点，能让读者耳目一新，会收到更好的效果。刊出内容的形式也可以多样化，罗列条目、纪实、评论、随笔，甚至小说、诗歌都可以。图片、插图是必不可少的。封面尤其重要，精良的制作、艳丽的色彩、美妙的构图才能更强烈地冲击读者的视觉，吸引他们拿起刊物。

（2）宣传手册

阅读推广主体在宣传时会使用到各种手册，介绍自己的，如机构简介；面向读者提供使用帮助的，如读者指南；还有介绍资源的，如资源手册。这些手册也是阅读推广的媒介，运用得好，能扩大和稳定读者群。

机构简介是阅读推广主体向公众介绍自己的文字窗口。它的阅读对象就是潜在读者。简介的内容需要贴近潜在读者，一般而言，他们需要知道这是一个什么样的机构，有哪些资源和服务，哪些东西能吸引他们等。在制作机构简介时，需要注意：第一，内容简练，重点突出。如果读者需要花长时间和耐心读完一份简介，他们通常会在中途放弃。必要时，重点内容可以用列表罗列出来，避免读者被其他文字分散了注意。第二，避免使用专业术语，使用贴近潜在读者的语言风格。隔行如隔山，所以简介最好用通俗而准确的语言传达。语言的使用虽然是表现形式的问题，但它的重要性有时甚至大于表现内容。使用贴近潜在读者的语言风格，能吸引他们的阅读兴趣。如对象是大学生，简介可以使用清新明快的语言风格；如果潜在读者是儿童，可使用幽默风趣又富有童真的语言风格等。第三，色彩鲜艳，吸人眼球。机构简介，无论是挂在墙上，还是印刷在纸上，或是网页形式，想引人注目，除了文字，还必须有相配的色彩。可以是背景色，也可以使用图片，甚至可以用漫画的形式来表达。

读者指南是引导读者使用阅读机构的辅助性工具，是阅读推广中一个不可或缺的载体。它具有解决读者常见问题、吸引潜在读者、提升读者利用阅读机构能力等作用。读者指南的内容一般包括以下几点：第一，机构概况，包括开放时间、馆舍分布、服务对象、规章制度、交通等。第二，服务项目，包括卡证办理、书刊借阅、文献传递、咨询服务、讲座服务、手机服务、常见问题等。第三，资源介绍，包括数据库、馆藏书目等。除了完成它必须传递的信息外，还可以从以下几个方面提高读者指南的可读性：文字简洁，增加文字的亲切感；针对服务对象提供专门性的指南，如高校图书馆可对新生、毕业生、研究生、校友提供有针对性的指南，公共图书馆可对幼儿、老年读者提供专门的使用指南；多用图片，图片比文字描述更直观，更便于读者理解。

资源手册是引导读者利用馆藏资源的辅助性工具。其功能就是揭示资源，提高馆藏资源利用率，是阅读推广主体利用它来推广阅读读物的好工具。资源手册的内容有：第一，资源概况，机构拥有哪些资源及其数量、特点。第二，资源列表，可用多种分类展示馆藏资源，如按文献类型分、按学科分、按内容属性分、按用户年龄分，以便不同的用户按照自己的喜好找到所需资源。第三，获取资源的途径及技巧，各种资源保存在什么地方、如何查找到所需资源、用什么方法获取等。在形式上，资源手册不需要花里胡哨，能实实在在地引导读者利用所需资源即可。因馆藏资源不断丰富，资源手册也应有更新的周期，才能让读者更好地了解最新资源。

（3）宣传海报

海报是由文字、图案、色彩三大元素通过版式构图形成的具有一定艺术风格的视觉效果，从而传递作品所要表达的信息，是用来传递信息的宣传性艺术语言。它具有应用广泛、传播深入、方式大众化、视觉冲击力强、制作简单、价格便宜等特点。海报是一种极为常见的招贴形式，广告性色彩极其浓厚，因此，是一种很好的阅读推广媒介。

海报希望阅读推广对象的参与，它是广告的一种，内容上通常要写清楚活动的性质，活动的主办单位、时间、地点等，非常适合做阅读推广项目广告推广。海报制作与投放需要注意几点。

一是明确阅读推广项目主题和推广对象。海报必须围绕活动主题和推广对象来设计，两者是海报各构成要素的设计引导，可提高信息传播的有效性。

二是海报的语言要求简明扼要，形式要做到新颖美观。海报设计以图案、文字、色彩作为主要视觉语言载体。文字需要直接、准确表达信息，此外，独特的广告语与新颖的文字造型能深深打动人，使所宣传的信息留存在脑海中。图案是能刺激眼球的元素，传递信息更直观，更吸引人的注意和巩固人的记忆。色彩能引起人的心理上不同的反应，不同的颜色搭配能影响人的感知，从而产生不同的传达效果。因此，制作海报时要对主题有深刻理解，结合推广对象的地域、民族、年龄等来运用色彩，才能更吸引人加入活动。

三是应讲究投放技巧。所有海报都应张贴或摆放于人们易于见到的地方才起到广告的效果。需要长时间展示的海报，必须放置在阅读推广主体能控制的地方，如户内墙壁。一般短时间的阅读推广活动海报可以放置在任何适合的地方。

3. 标志物品

（1）LOGO

LOGO 是标志、徽标的意思，具有特定含义的视觉符号，通过抽象图形将机构的具体事物、事件、精神或理念表达出来，让人们在看到 LOGO 的同时，自然地联想到它所代表的机构或组织，以及它所代表的特征、使命、文化等精神内涵。LOGO 具有识别性、内涵性、色彩性等特点。阅读推广项目应该有自己的 LOGO，通过对 LOGO 的识别，引发联想、增强记忆，促进阅读推广对象与项目的沟通与交流，从而树立并保持对阅读推广项目的认知、认同，达到高效提高认知度、美誉度的效果。因此，LOGO 是一种很好的阅读推广媒介。

阅读推广的 LOGO 设计应注意：第一，阅读推广对象的社会心理。LOGO 的设计制作应结合阅读推广主体的文化背景，再迎合推广对象的心理需求，才能提高认可度。第二，凝练、美观、实用。作为一种与大众沟通的符号语言，LOGO 需构图精练、图形简化、外形美观，令人一目了然，并有效地传递出阅读推广项目的信息。第三，鲜明的可识别性，LOGO 必须以高度提炼的形象表明事物的特征，并以图形符号的形式向人传情达意，使人们在瞬间对它作出识别判断。因此，设计 LOGO 时应充分考虑各种因素，进行调查，找到自身的特点，将独特的视觉形象赋予阅读推广品牌，方便读者记忆。

（2）口号

口号是供口头呼喊的有纲领性和鼓动作用的简短句子。口号具有严谨性、鼓动性的特点，既能在理智上启发人，又能在情感上打动人，对人的社会行为起着不可忽视的导向作用。阅读推广主体可以用口号来做自己的形象识别符号，使阅读推广对象能通过口号来识别阅读推广主体，连同它的服务与所有给人良好印象的项目内容。口号除了能提高阅读推广的针对性，扩大阅读推广主体的声誉和影响，还可以带给读者心灵的撞击，激发读者的参与热情，最终促成其阅读行为的实现。

阅读推广口号设计要求：

一是充分了解阅读推广对象。了解他们的性别、年龄、教育程度、行业等属性，结合阅读推广主体的馆藏特色和优势，体现阅读推广主体对推广对象的真实情感，使读者动情，才能设计出他们乐于接受的口号。

二是口号要简洁通俗，易于识别和记忆。口号是生活化的艺术语言，尽量使用短句来表现，控制文字长度，读起来朗朗上口，使人日后想起依然能联想到阅读推广。

三是内涵丰富，传达准确。口号以表现机构、服务的精神、理念、特性为内容，是阅读推广主体与对象的认知桥梁。它在使用中反复、长期出现，能在读者心目中留下一贯的、不变的印象。因此，口号一定要传达准确而美好的内涵，给读者一个深刻而绵长的印象，潜移默化地影响大众的行为。

（3）常用物品

实物媒介是指包含某些信息、能充当信息传递载体的实物。在阅读推广中，可以将阅读推广主体名称、LOGO、口号、项目等印制在物品上，作为赠品发给大众，起到宣传的作用。书签、笔、明信片、笔记本、袋子、U 盘、雨伞、文化衫、帽子等都是常见的实物媒介。实物馈赠媒介是一种情感投资，有潜移默化之功效。

利用实物馈赠媒介要注意：

第一，选择实用性的物品。实用的物品人们才会使用，并在使用过程中看到阅读推广的信息，起到反复提醒的作用，也能让人们对阅读推广主体产生亲切感。

第二，物品上要印制相关信息。印制内容有阅读推广主体名称、LOGO、口号、项目名称、电话号码等。根据物品大小选择印制的内容，如 U 盘，因体积小，最多只能印制阅读推广主体名称和 LOGO；而书签就能放置更多内容。印制的信息一定要醒目，才能起到传播信息的目的。

第三，注意馈赠的方法。制作实用性小物品需要资金支持，所以，馈赠时要选择对象。有些物品可以广为传发，有些物品可用于读者的阅读行为和参与阅读推广活动的奖品。

（4）构建筑物

构建筑物是指建筑物的构成部分，如墙面、柱子、走道、顶盖、窗户等。人们步入一座建筑物，首先关注的是它的布局，而这些构建筑物正是其中重要组成部分，因此，它们无疑也可成为宣传推广阅读的有力助手。构建筑物不但可以直接展示阅读推广主体的标志标语，还可以展示与其面积相适应的深化阅读主题的艺术画，其渲染作用不言而喻。另外，墙面与柱子还可以支撑一些具有艺术造型的摆设架子，直接放置书刊。

**（二）设施阅读推广媒介**

1. 广告设施媒介

公共设施在我们生活环境中扮演着重要的角色，它遍布大街小巷，以其特有的信息传播功能，起到至关重要的信息广告媒介的作用。广告设施媒介是体现一个城市精神文明的重要窗口，是阅读推广可利用和开发的重要媒介。广告设施媒介很丰富，有各种路牌、车站站牌、街头公告栏、路灯杆、阅报栏、灯箱、电话亭、垃圾箱、休闲座椅、实物造型等。

（1）路牌媒介

路牌媒介主要设置在交通要道和过往行人较多的地段，一般用印刷、喷绘或油漆手绘的方式将信息印在路牌或墙面上。路牌媒介的特点就是分布非常广泛，在大街小巷的路边和楼顶屋面墙面、高速公路、桥梁、交通护栏、公园、车站、码头、机场、风景区等视野开阔的地方都可以看到，注目率高；信息传达到达率高，全天暴露在户外不间断地传达信息；视觉冲击力强等。

阅读推广主体利用路牌媒介时，需考虑：

第一，什么信息适合利用这种媒介。路牌媒介都是设置在路人较多的地方，行人逗留的时间不会很长，因此它并不适合文字很多的信息。文字简短的信息有阅读推广活动开幕信息、阅读推广主体形象、理念传播、阅读推广活动品牌形象、阅读推广的口号标语、读书座右铭等。

第二，画面简洁醒目，视觉冲击力强，才能抓住人们的目光，进而影响他们的行为。路牌信息要能得到行人的注意，必须有简单精练且足够大的文字和强烈冲击力的画面来吸引视线。要注意路牌展示信息的艺术水平，注重创意，注重色彩的和谐，尽量给人们带来视觉上的审美愉悦，从而加深对展示信息的记忆。

第三，选择合适的投放地点。根据阅读推广的主题与对象来选择投放地点，比如儿童阅读推广，可以选择在公园、广场、幼儿园、小学、游乐园附近的街道的路牌媒介，这些地点都是儿童群体经常路过的地方，多次看到展示信息，会让记忆更牢固，进而潜移默化成参与行为。另外，过于热闹的商业街不适合做阅读推广，因为琳琅满目的商业广告会使其埋没。

第四，投放时间。路牌媒介一般至少投放半年以上，如果时间短，势必增加制作成本。而且只有展示时间长，才能使更多的人看到，从而达到广而告之的目的。因而，时效短的阅读推广信息不适合利用路牌媒介。

（2）灯箱媒介

用铝型材或角铁、玻璃、透光板等材料，制成各种形状的箱体，印刷广告内容，并在里面装照明器，白天、晚上都可以传播信息，这就是灯箱媒介。它的特点是外形美观，画面简洁，视觉效果好；灯箱媒介全天候传播信息，白天和路牌媒介一样供人阅看，晚上灯亮后熠熠生辉、灿烂夺目，大大提高了传播率；灯箱媒介比一般的非感光媒介给人的感官刺激强一些，注目率更高，留下的印象也要更深一些。灯箱媒介在大中城市中广泛存在，在人流量大的街边、公交站台、地铁、公园等都可以看到，是城市阅读推广可利用的一种媒介。灯箱广告的制作普遍采用电脑喷绘技术，色彩鲜艳，效果逼真，不仅能很好地传达信息，也成为都市里的一道亮丽风景线，而阅读推广广告更能增添其文化气息。

利用灯箱媒介来做阅读推广需要注意的地方与路牌广告比较相似，展示信息也需要短小精悍，画面简洁醒目，在选择投放地点和投放时间的原则上都相似，这里就不再赘述了。但也有一些不一样的地方。如灯箱媒介的适用性要少一些。灯箱媒介多存在于城市，所以针对村镇基层的阅读推广就不适用这种媒介。

（3）广告宣传栏

广告宣传栏广泛存在于城市村镇中，在社区、小区、广场、公园、学校等地方都可以看到它的身影，有报刊亭、橱窗等样式，多以张贴手抄报或手写板书的形式展示信息。这种媒介多用于公益信息的传播，多数置于比较休闲且路人较多的场地，供路过有时间的人驻足阅览。阅读推广作为公益行为，很适合利用广告宣传栏媒介。广告宣传栏媒介承载的内容比路牌和灯箱媒介更翔实，更注重实用价值；而且它所处位置没有那么商业化，深入人心的效果更明显。

目前，宣传栏在造型上普遍较单一，多以报刊亭造型和橱窗造型为主，其他造型很少出现，一些富有想象力的宣传栏几乎没有。阅读推广主体在利用宣传栏时，可以结合推广主题适当改装一下宣传栏的造型。有特色的造型会吸引人注意，容易让人联想到它所倡导的主题，使阅读日渐深入人心。

阅读推广许多内容都适合广告宣传栏媒介。权威团体发布的好书榜单、各类图书奖书单、某地区年度借阅排行榜、专家名人荐书等形式的读物推广；阅读技巧与方法；读书典故举要；阅读人物评选结果展示与介绍；书评；阅读推荐项目简介等内容，都适合承载在广告宣传栏上。在阅读推广机构附近的较大宣传栏，还可以系统地设计其板块内容，如阅读推广主体简介、团队风采、发展规则、活动品牌、成功案例、公告等栏目，让更多来到它跟前的人了解附近的阅读推广机构的情况，进而吸引他们走进阅读推广机构。

广告宣传栏媒介需要路人驻足观看才有效果，这就需要它在内容展示上有足够的魅力。在策划阅读推广文案时，就需要思考应以什么样的方式更贴近路过群众的喜好。虽然宣传栏可以承载的文字更多，但为了重要信息凸显，还是应尽量减少不必要的赘述。文案的插画或背景须有创意，与阅读推广主题相适应。

值得一提的是，公共设施媒介是构成生活环境的一部分。它不是孤立于环境而存在的，也不同于单纯广告设计，它呈现给人的是它和特定环境相互融入、作用的效果。所以在利用路牌、灯箱、广告宣传栏等公共设施媒介时，除了保证阅读推广信息的有效传达，还需要使其与周边环境相呼应，融入地方的文化底蕴中，有效提高阅读推广的社会价值和人文价值，促进全民阅读。

2. 专用设施媒介

（1）推介书架

推介书架是阅读推广机构在自己的领地划出固定区域设置书架，根据热点选择主题图书放置书架上展示，供读者现场浏览与阅读。推介书架是建立在传统的图书书架之外的特色书架，是促进图书走近读者的重要渠道之一，在阅读推广中能起到非常良好的媒介作用。它能及时、直观地宣传图书；能节省读者的时间与精力，节省他们查找图书的时间；设立推介书架是辅导读者阅读的好方法，借助优良的图书，有效培养良好的阅读习惯，能提高读者的阅读水平和阅读效果。

推介书架设立的位置很重要，需醒目，一般可设置在阅读机构的入门大厅、书库入口、阅览桌旁边、宽阔的走廊过道等能吸引读者注意的地方。也可开辟独立的空间，但必须遵循醒目的原则。

书架也是引起读者驻足的重要因素。书架的设计应以美观、方便为标准。它能表现阅读推广主体的品位和专长，也能让读者享受阅读的舒适与快乐。

推介书架都是依托一个主题而设立的，阅读推广主体可以根据自己的馆藏特色，利用各种纪念日、节假日、热门话题、热点事件等设置书架主题。目前，常用的主题热点有中国共产党成立若干周年、战争胜利、伟大人物诞辰、三八节、劳动节、国庆节、儿童节、寒暑假、专家教授荐书、世界杯、校友专题、本土作家作品、推理旅游等兴趣类图书、诺贝尔文学奖获奖者书展、考试专题、毕业季等。另外，一个好的主题名称对宣传推广有很大影响，有些时候，读者首先对书展主题产生兴趣，才滋生进一步阅读图书的想法。主题命名应响亮，给读者新意和想象力，易于给人留下深刻的印象。

书架上所展出的图书，必须与书架主题相匹配，内容健康积极向上，适合推广对象阅读。所选图书应遵循新颖性、休闲性。避免选择陈旧的图书，以及晦涩难懂的专业书籍。还可以选择符合主题且借阅率高的图书，借阅率高的书得到了更多读者的认可，也能激发更多读者的阅读兴趣。

阅读推广主体利用推介书架时应注意的事项：第一，推介书架最好是长期性的活动，但要不定期更换书架主题，且两次书展间宜保持一段时间间隔，这样容易形成品牌效应，又不引起读者反感。第二，展示图书数量适宜，少了读者无书可选，多了就无法与普通书架区别开来。第三，应有专人负责书架的管理。书架的书被读者选走后，应及时补充；书架乱了应及时整理。整齐充实的书架，读者才乐于靠近。

（2）图书展台

图书展台也是阅读推广主体在搞书展活动时常利用的推广媒介，如在室内开辟一个独立空间，更多的是在户外或展览会上设展台，展示图书，供人们现场浏览、阅读、购买或借阅。图书展台具有开放性和交流性，能吸引各界的关注和参与，对鼓励全民阅读、提升阅读风气起到巨大的推动作用。

展台的选址一般有图书馆、学校、广场、科技馆、公园、展览中心等地方。这些地方交通便利，便于人们往返参展；场地开阔，能容纳更多的参观者选书与交流。除了大规模的书展在规定的场馆举行，其他阅读推广主体的个别书展的具体地点是依据阅读推广对象而确定的。

很多时候，我们看到的展台就是若干桌子上摆放图书来展示，这当然也能起到信息传播的目的，但在展台设计上花一些工夫，围绕书展的主题、目标、内容，在展台的造型与色彩等外观效果上增加实用性和艺术性，彰显文化的内涵和魅力，更能吸引参展者了解书本，亲近阅读，促进阅读。

展台设计的要求如下：

第一，从参与对象的角度来做设计。展台设计首先要考虑人的因素，是否能调动参与对象的情绪，激发他们阅读的兴趣是书展成功的关键点。从参与对象的角度来设计，容易引起他们的注意、共鸣，留下较深的印象。

第二，展台设计须考虑空间。拥挤的展台效率低，参观者也会失去兴趣，空荡的展台效果一样不好。从展台工作人员和参观者数量来考虑展台展架使用量和布置方法，使参观者既能从容选书，又有空间来品书或与人交流。

第三，和谐简洁有序。展台的布局、色彩、图书、展架应和谐地组合成一体，但又不要繁杂，把无关装饰减少到最低程度，因为参观者和路人行走匆忙，若不能快速获得明确的信息，就不会对展台产生兴趣。

第四，突出焦点。展台应有焦点，以吸引参观者的注意力。首先要有醒目的标志，醒目标志方便参观者识别和寻找，也能吸引路人注意，让人留下印象。展台服务于阅读推广，重点推荐的书籍应是焦点，可通过位置、布置、灯光等手段凸显其重要地位。

图书展台的利用日渐广泛。小到一个图书馆的展书活动，大到各地的图书博览会和国际书展，展台在其中都起着重要作用。

（3）移动架栏

移动架栏是指可移动公告栏、可移动展板展架等设施，也是目前使用广泛的宣传媒介。它一般用金属、塑胶、玻璃等材质制成，能立在地上，上方为展示主体。它的特点是：造型简练，造价便宜；轻巧便携，方便运输、携带、存放，有的架栏脚下安有轮子以便移动，有的架栏可以折叠收纳，如易拉宝；可反复使用，能更换版面展示不同内容。

移动架栏可安置在室内，也可以放在户外，但不能远离阅读推广主体，必须在可控范围内，以便管理。不管室内户外，移动架栏都必须放置在显眼的位置，才能起到广而告之的作用。但也不能挡路，或放在给行人造成不便的地方。

移动展栏、展板用以展示平面载体，如纸张、海报、报纸等。适合承载的内容也比较多，如临时通知、读者路线导引、阅读推广活动介绍、新书推介、新书目录展示、数据库介绍等具有广告性质的东西。如果只有文字，那么字体要大，且与背景的对比度强烈，才能让路过的人一眼看清楚。如果展板比较大，最好采用海报展示，图文并茂才能更吸引人阅读。

移动展架可以放置小册子、各种宣传资料、图书、杂志等。移动展架不同于书架，它最主要的功能是宣传信息，因而，它所展示的资料最好是封面面向读者的，用资料上的文字、画像来吸引人靠近。如果资料是叠放的，或用侧面对外，那么效果就会大打折扣，因为路过的人并不知道那上面放着什么东西。

3. 景观设施媒介

景观设施即空间与实体，也是信息的媒介呈现，是信息的符号化、形象化，影响着人们的认知与行为。景观设施包括精致小品、雕塑、水景、艺术铺装、景观效果灯等。景观设施媒介以其直观性、体验性、自由性等优点，对社会起着潜移默化、直接有力的影响。因此，景观设施媒介在阅读推广中能起到影响受众认知与行为的作用。通过受众留意景观，了解其内容，作出阅读推广主体期待的行为，或创造价值，或者达到改善受众的阅读态度或信念的目的。如在休闲场所，一个带座位的石桌边上，有一个铜人坐着读书，这个景观让观者意识到这里不但是休闲之处，更是良好的读书之地。又如，在一片草场上，几个人物雕塑弯腰围着一本书在指点讨论，无疑也传递着一种文化氛围。

景观设施的建设成本较高，阅读推广主体多以招标的方式来完成。阅读推广主体在其中起到指导、监督的作用。其中，设计是建设最重要的环节。

阅读推广景观设计应遵循以下原则：①文化性和地域性。每个地域都体现出其特定的文化特征，人都有文化情结，对地域文化背景的探求而创造出来的景观环境，可以使当地居民产生文化认同感，引起思想的共鸣。②整体性。景观设施不是单独存在的，而是与周围空间相配合。因此，景观设施除了实用性，造型上也要符合统一、均衡、比例、尺度、韵律、色彩等形式美的一般法则。③多方参与。景观设计师有着设计专业的优势；阅读推广主体能把握传达的思想和价值；而景观是为受传者服务的，受传者也在一定程度上决定着景观的形式，因此公众的参与也是必要的。④坚固耐用。景观设施媒介是三维立体的，需要长时间地存在于天地间。

**（三）网络阅读推广媒介**

1. 电子邮件

电子邮件是一种高效低廉、到达率高的媒介，它打破了时间和空间的限制，让时间或地点不同的人们能有效沟通。电子邮件媒介具有传播范围广，实施简单、高效，成本低，针对性强，反馈率高等特点。电子邮件能在用户邮箱里长久保存，便于回顾，也有更多的思考机会。邮件可再转发，也使宣传推广的作用发挥到更大。

在目前的阅读推广活动中，电子邮件媒介的利用率比较高。阅读推广主体组织活动时，可以用电子邮件接收参与者的参与作品；遇到问题时，读者可通过电子邮件来咨询等，这些工作利用一个免费邮箱就可以完成。阅读推广主体还可通过电子邮件向读者群发阅读推广相关信息等，这需要依靠专业的邮件群发软件，或者第三方提供的群发邮件平台。

利用电子邮件媒介，需要注意：

第一，提供优质的内容是根本。邮件内容吸引人，才会有更多用户订阅邮件。自办电子刊物、新书通报、好书推荐、优秀的阅读推广项目广告等内容都适合使用这种媒介。内容力求简洁、实用、清晰，冗余的信息只会引起收件人的反感。如果内容太多，可以提供一个关于详细内容的链接，以供感兴趣的收件人主动点击链接接收内容。另外，在邮件内容合适的位置加上阅读推广主体的 LOGO

或名称及联系方式，也会起到宣传的作用。

第二，邮件格式也很重要。发件人一般要用阅读推广主体的名称。邮件主题要明确，让收件人快速地了解邮件内容，也便于用户日后查找，同时它也是让接收者有兴趣打开邮件的关键。

第三，及时回复咨询及意见邮件。及时地与用户沟通，表示对他们的重视，不但会提升阅读推广主体的亲和形象，也表明工作效率高、信誉强。

第四，控制邮件大小与发信频率。由于带宽或电脑配置的差异性，难免会出现太大的邮件打开速度慢，导致用户无耐心等待的问题。发信频率不要过于频繁，也不要重复发送邮件，邮件轰炸并不能让收件人印象深刻，反而会使其产生厌烦情绪。

第五，允许用户退订。利用电子邮件媒介要以用户事先许可为前提，无论是用户主动订阅还是阅读推广主体主动收集的邮件地址，都应允许用户主动退订，充分尊重用户的自由。

第六，电子邮件媒介也需要推广。阅读推广主体可以充分利用其他媒介来推广邮件地址或邮件列表订阅页面。

2. 即时通信

在阅读推广中，即时通信媒介一般用于信息咨询、消息推广、组织活动等方面，它所提供的沟通与宣传功能大大地提高了工作效率和降低了成本。在信息咨询工作中，单体点对点功能发挥了很好的作用，通常把通信入口嵌入或悬浮于阅读推广相关网页，以便读者遇到问题时能立刻找到解答途径。而消息推广、组织活动等工作，利用群和组的功能效果更佳。阅读推广主体可以通过一次活动或一次宣传把志趣相同的人聚集到一个群或组里，方便以后发布信息和再次组织类似活动。

在利用即时通信媒介时，应注意以下几点：

第一，阅读推广工作人员应该注意用语规范。工作人员代表的是一个阅读推广主体的形象，因此，要特别注意语言的规范性和亲和力，以免产生负面影响。即时通信具有即时性，因此，要求工作人员具有快速地组织语言的能力。因为读者交流的内容涉及多方面，这就要求工作人员了解阅读推广工作的多方面内容，以便能及时与读者交流。

第二，及时回复读者咨询，妥善处理读者的建议与意见。读者能得到友好的对待，会更愿意亲近阅读推广机构。

第三，群和组的功能更有利于宣传推广，但也需要花时间和精力来主持日常管理工作。工作人员需要经常性地与群友沟通对话，保持热度；也需要制定规章，维护秩序；也可以通过群收集大家对阅读推广活动的策划建议。

第四，与其他媒介协作。单独使用即时通信媒介的宣传推广是很有局限性的，应与其他媒介结合使用，才能达到更理想的推广效果。

3. 网站

（1）阅读推广主体网站

阅读推广主体的门户网站本身就是阅读推广主体的一个虚拟窗口，集服务与宣传推广于一身，阅读推广活动可以借助阅读推广的门户网站进行更好的设计和宣传来吸引大量读者，引导人们形成阅读意愿，帮助人们选择阅读内容，最终达到阅读推广的目的。阅读推广主体的门户网站，在网站设计思路、栏目内容、管理运行上可以很大程度地自主创新，是阅读推广一个非常重要的网络媒介。

阅读推广所有的内容都可以通过门户网站来呈现，包括阅读推广主体介绍、LOGO、阅读理念口号、各种形式的资源推介、新书快递、导读、活动宣传推广、自办刊物、阅读人物、阅读方法指导、书评、阅读视频、阅读沙龙、读者互动、数字阅读平台，还有其他阅读推广媒介的推广等。多数网站将这些内容散落在各个栏目中，使得阅读推广主体开展丰富多彩和形式多样的阅读推广活动没有得到集中体现而丧失生命力和持久性，阅读推广因没得到网站广泛、持久宣传而缺失了独特的文化魅力，既达不到深层次的阅读推广效果，也无法形成独特的阅读推广品牌。因此，阅读推广主体应在门户网站中组建阅读推广的专题栏目，让阅读推广活动常态化、系统化，形成长期性和延续性阅读推广机制，推进阅读推广品牌创建，达到不断提升读者满意度与忠诚度的效果。

阅读推广的专题栏目应是一个综合性的平台，作为文化媒介集中展示阅读推广主体的各项文化活动，促进与读者的互动交流。无论是网页设计，还是栏目布局，都须以阅读推广对象需要为主，在制作平台前有必要深入调查读者的阅读行为、阅读规律，这是阅读推广专题栏目得到读者认可的基本前提。总体来说，网页设计应简洁明快，功能清晰明了，即便是首次浏览该网站的用户，也能轻松地使用该网站的各项功能。应以阅读推广主体特色与读者需求来设立各子栏目，重视与读者的互动设计，以增加读者的自主意识，主动参与阅读推广活动中来。栏目内容与形式应多姿多彩，注意阅读的趣味性、导读性和参与性，以灵活互动的方式牢牢抓住读者心灵。另外，阅读推广专题栏目的运行管理应由专项小组负责。活动策划、网站设计、专题制作、图片拍摄和文字报道等，都需要一支团结协作的专业团队才能完成，这是阅读推广专题栏目的组织保障。建立常规工作模式，才能保障工作常态正常运行。

利用网站阅读推广媒介时，应注意：第一，栏目内容更新要及时。滞后的信息将会影响读者关注、参与的积极性。第二，在推荐图书时，除了纸质图书，还应注意数字资源的推介，如新到数据库、网上免费书刊导航等，满足不同读者的不同资源需求。

（2）各类型知名网站

其他类型网站，如综合性门户网站、各级政府网站、视频网站等知名网站，都可成为阅读推广的媒介。知名网站有各自的受众基础，推广的内容能触及更多人。但阅读推广主体利用其他类型网站时，自主性并不强。因此，能投入的内容就不多。比较适合的推广内容，如举行大型的阅读推广活动时的宣传性和报道性的文字、视频资料等。阅读推广主体可以投稿的方式向相关网站推送材料，也可以邀请网站记者来参加并报道阅读推广活动情况。

阅读推广主体在利用其他类型网站时，应注意：第一，内容具有价值性。有价值的、图文并茂的材料才能吸引人关注，网站编辑才会接收来稿并推广。第二，选择适合的网站并长期合作。利用第三方平台来推广，就需维系友好的合作关系。

4.自媒体平台

（1）博客

众多门户、专业网站都提供各具特色的博客服务系统。因为博客是用户自身主动的行为，博客群体在讨论一个话题时会吸引来其他博客的参与，信息会得到更加广泛的传播，同时，这种讨论又比较容易形成更加强大的影响力，使传播效果得到极大的提升。因而，博客适合做阅读推广的媒介。阅读推广主体可通过博客发布公告、近况发展及活动信息，推荐新书，提供书评，探讨阅读技巧等，还可与读者进行交流沟通，引导读者参与阅读心得的分享。

建设阅读推广博客，首先，要有一个明确的主题，博客名字、介绍信息和头像与主题相匹配。阅读推广博客在建设之初一定要思考其定位，如针对什么样的读者、目标是什么、推广什么内容等。主题可以反映在博客的名字和基本介绍信息上，让读者一看便知该博客的服务主题。博客头像可以采用阅读推广主体的 LOGO 来做，LOGO 承载着阅读推广主体的宗旨、理念、文化，与博客的主题是相衬的。其次，阅读推广博客要有一个好的内容分类体系。阅读推广的内容种类纷呈，数量繁多，而博文是按时间顺序排列展示的，读者在面对这样繁多的博文时是无力的。如果有一个好的分类体系，就能让用户很快地锁定所需信息的路径。随着博客建立时间的延长、博文数量和范围的扩大，一个科学严密、逻辑隶属关系合理的分类体系对用户有效获取信息日益重要。再次，博客界面友好，博文内容质量要过关。博客界面的简洁美观直接影响来访者的心情和访问频率，以美观性与便捷性为原则来安排博客的界面，迎合阅读推广对象的心理需求，也是留住读者的方法之一。博文发布时要把好质量关，防止不良信息的传播，最后，还要考虑博文的标题和内容是否符合阅读推广对象的审美。博客上显示的主要是博文的标题和摘要，标题要有足够的吸引力才能引导读者去点击它，进而阅读正文。在博文中可适当插入图片、音乐或视频，增加博文的观赏性。

建设阅读推广博客，应注意几点：第一，注意博文的更新频率。建设一个阅读推广博客并不难，难的是维护更新，如果更新不及时就难以满足读者的需求，就留不住用户。因此，这就需要博客管理者投入一定的时间和精力，及时发布阅读推广信息，才能使博客更好地服务读者。第二，发布每条博文时要添加关键词标签。添加标签可使博文能按照标签进行类聚，方便读者检索到博文，提高博文的可获取性。第三，增强阅读推广博客的互动性。博客是通过读者与博主用留言、评论等途径进行交流而实现互动的。通过互动，阅读推广主体可了解读者当前和潜在的信息需求，提高信息提供的质量。而读者在互动中不仅需求得到满足，也体验到被重视的归属感，可以在一定程度上提高读者对博客的忠诚度。博主应鼓励读者多发评论与留言，并及时回复他们，也可发起阅读讨论，让读者在互动中提升自己的阅读能力。

（2）微博

作为一种推广媒介，和其他媒介相比，微博具有以下优点。

第一，简单方便。微博对使用者硬件的要求不高，只要是能连接网络的智能设备，诸如电脑、手机、iPad 都可以运行。而其对使用者本身的门槛也很低，只要会基础电脑操作的人都可参与。

第二，即时性。微博的发布和被人收看都有即时性。由于智能手机的普及，推广主体理论上随时都可以发布微博，而写好的微博上传到服务器的时间一般小于 1s，这就打破了很多推广媒介只有工作时间可以发布的时间界限。此外，关注了推广主体微博的用户，只要刷新自己的微博，推广主体的更新就会显示在其微博页面，这就使得不管是发布还是接收，微博的即时性都很强。特别是针对突发事件或有影响力的大事件，其即时性、快捷性超过绝大多数媒介。

第三，互动性强。推广主体更新自己的微博时，其所更新的内容会及时传递给他的粉丝或关注者，而其粉丝或关注者便可立即在其下面评论，由于所有人都能看到微博及评论内容，第三者可以对微博及之前的评论发表自己的评论。这就可以以一条微博为桥梁，为对此话题感兴趣的个体与推广主体之间搭建一个立体的互动通道。

第四，共享性。与网站、电子邮件、博客等媒介不同，用户可在自己微博的首页上看到所有自己关注对象的微博内容，还能将自己在互联网上看到的精彩内容发布到微博上，并加上评论，使更多的用户共享这些信息。

第五，社交性。微博用户可以通过寻找自己已关注者的好友网络找到自己感兴趣的博主，关注即可获得他的微博更新。也可以通过参加相同兴趣或话题的微群，关注其中志趣相投的人。这就在无形之中为微博用户提供了一个拓展人际网络的平台。

第六，易获得性。如果用户想了解某人的信息或更新，可以选择关注该人，之后其在微博上的所有更新信息都会在第一时间发送给用户，用户即可随时了解他的动态。

（3）微信公众平台

微信公众平台在阅读推广中能发挥媒介优势，表现在它的用户群庞大，收费低廉；信息以文字、图片、视频、语音等为载体进行即时推送；微信公众平台可实现双向交流，拥有自动回复功能；平台的数据统计能让阅读推广主体了解用户属性、任意时间段内的粉丝量、每次信息推送的情况等，能方便地了解到推广内容的受欢迎程度，评估推广效果，甚至还能通过用户管理分析读者群体与读者行为，使阅读推广更有针对性。微信公众平台有服务号与订阅号之分，由于订阅号每日都可以推送一次信息，更有利于阅读推广的持续进行。

利用微信公众平台进行阅读推广，可以重点建设两个功能：一是信息推送功能。微信公众平台的信息推送功能可主动向读者推送各种信息，如各种类型的书刊推荐、图文欣赏、名人谈读书、书评、培训公告、数字资源推荐、阅读推广活动的推广、服务推广、主题展览等。在信息推送时可使用用户分组功能，使推送的信息更个性化、精准化，针对不同层次、不同需求的读者推送不同主题的阅读推荐，收效更佳。二是自定义菜单功能。在自定义菜单中有清晰的信息分类，读者通过选择栏目来获取相应的信息。制作自定义菜单之前，须做好前期相关调研工作，确定各栏目主题，结合实际情况，挖掘信息资源，开辟独树一帜的特色品牌栏目。得到读者认可的栏目，持续推送高质量的信息内容的栏目，才会有持续关注，点击率才会高，才能实现阅读推广的价值。

使用微信进行阅读推广，应注意：第一，标题及正文都应采用诙谐幽默的语言风格。因而，在语言风格上应不同于门户网站的正式的官方语言，而采用更为有趣的语言，可以选择恰当的当下流行性词汇或语句来吸引读者眼球。第二，微信推送的内容要适合手机阅读，学术性或操作性太强的文章，适合精读和研读的文章，都不宜通过微信发送。微信内容是通过手机阅读，而手机阅读属于浅阅读，即碎片化、快餐式的阅读，冗长而复杂的内容一般会被读者一刷而过，达不到相应的效果。第三，内容的表现形式可更生动丰富。微信支持文字、图片、语音、视频等多种形式，可为用户打造更加创新和生动的信息形式，给用户不同的阅读感受，内容的生动化，更能吸引读者的兴趣，进而激发他们阅读的兴趣。第四，微信公众平台的功能在不断的完善中，阅读推广主体应与时俱进，随着微信功能的增加而调整，不断地开拓新的领地，不断创新，才能发挥微信在阅读推广中的优势，长久地吸引读者关注，达到良好的阅读推广效果。

# 第三节　图书馆阅读推广的模式

## 一、图书馆家庭阅读推广模式

家庭是教育的起点，是阅读的第一个场所，是影响儿童阅读能力发展的主要因素之一。因此，家庭阅读推广模式对培养儿童青少年的阅读兴趣和习惯起着非常重要的作用。

**（一）家庭阅读推广模式的作用**

1. 有利于增强公众图书馆意识

图书馆通过家庭阅读推广，有利于全民阅读氛围的形成，并让公众能够正确认识图书馆和阅读，以促进公众图书馆意识的形成和提升，两者之间的关系是相互促进、密不可分的。

图书馆举办的家庭阅读推广活动，可有效促进公众对图书馆社会价值和行业使命的认识，也对社会大众的通识教育产生积极作用。

图书馆的家庭阅读推广活动有利于促进青少年养成良好的阅读习惯，并让家长能够正确认识到在亲子阅读和成才教育中图书馆所产生的积极意义。

2. 有利于建设和谐家庭

良好的家风和家庭建设，能够有效促进家庭成员道德规范的形成，对社会和谐发展也会产生重要作用。重视家教和启蒙教育是中华民族传统文化的一个重要组成部分。图书馆具备社会教育功能，为了更好地对家庭阅读形成引导作用，有必要加强家庭阅读推广工作，为家庭建设贡献一份力量。

图书馆利用家庭阅读推广活动，能够有效提升家庭成员的整体素质，这也是家庭建设的基本前提和基础。只有创造良好的家庭阅读氛围，才能让家庭成员多读书、读好书，才能提升家庭成员的整体素质。

家庭阅读推广活动的开展，能够提升家庭教育环境的形成。通过家庭阅读推广，高度融合学校教育和家庭教育，为中国传统美德的宣扬和传承创造良好的环境，为社会主义核心价值观的建设提供条件。

3. 有利于推进书香社会建设

在家庭阅读环境建设和家庭藏书建设过程中，图书馆开展的家庭阅读推广活动，既产生了积极的推动作用，也有效地引导家庭阅读的积极开展，为家庭成员之间的亲情沟通提供有利条件。通过家庭阅读推广，对家庭成员使用图书馆阅读资源具有积极的促进作用，有利于阅读活动的丰富化，也有利于家庭形成良好的阅读习惯和阅读氛围，为青少年的健康成长和远大理想的树立产生积极作用。所以，家庭阅读推广活动的开展是倡导全民阅读的一个重要举措，并为书香社会建设创造有利条件。

图书馆承担着服务社会和文明传承的双重任务，以书香社会建设为依据，促进家庭阅读推广工作的开展，促进图书馆在家庭阅读推广活动中的场所和阵地功能的发挥。

### （二）家庭阅读推广活动的开展

#### 1. 组织策划团队

用于活动的策划源于商业，且策划是集创造性和科学性于一身的艺术。对于图书馆来说，家庭阅读推广活动的策划是指策划人员在组织开展某项阅读推广活动之初，创意活动主题、设定活动目标和制定活动方案的过程。这是开展家庭阅读推广活动必不可少的起点和基础，同时，对整个推广活动以及其中的每个环节都具有指导作用。

图书馆阅读推广活动的策划内容日趋丰富多元，形式更加复杂多样，图书馆必须组织搭建一个可靠的、执行力强的策划团队，才能从整体上确保一项家庭阅读推广活动的策划与组织实施均能高效、有序地完成，且能够达到预定目标。因此，组织策划团队已经成为开展家庭阅读推广活动必不可少的环节之一。

在实际工作中，图书馆家庭阅读推广策划团队通常具备以下职责：①负责整个家庭阅读推广活动项目的统筹和管理，包括组织调研、分析读者需求，以及组织、完成整体策划创意等；②组织、指导、完成所有视觉识别系统的策划设计；③组织、制定、完善各个家庭阅读推广活动的具体实施方案；④负责品牌的塑造和推广，制定、实施品牌战略；⑤设计、审定媒体宣传方案，组织、策划媒体活动，做好活动宣传和品牌宣传；⑥做好业务分工，落实主体责任，包括联络、协调、监督、安全及其他日常工作。

随着图书馆阅读推广活动的规模化、经常化、多样化、品牌化，对活动的开展有了更高更新的要求。近年来，各类各级图书馆，尤其是城市图书馆特别重视全民阅读推广，及时转变思维，紧跟时代潮流，设置了阅读推广部门，如读者活动部、业务辅导部、社会工作部等，加强家庭阅读推广活动的策划团队建设。如果说一个常设的阅读推广部门可以为全馆阅读推广活动的高效、顺利开展提供组织保障，那么，一个可靠的家庭阅读推广活动策划团队，则可以为家庭阅读推广活动的策划、组织实施等各个流程提供系统保障。

对于图书馆来说，家庭阅读推广活动作为全馆阅读推广活动的一部分，由本馆阅读推广部门负责组织搭建策划团队。但对于除少年儿童图书馆之外的大众图书馆来说，少儿阅读活动的策划团队往往由少儿服务团队负责组织搭建。当然，对一些牵涉面较广、影响力较大的家庭阅读活动，因其策划、运作要求较高，可以与多个部门开展合作与寻求支持，也可以通过开展社会合作，引入社会力量。

2. 调研读者需求

调研可以是广开言路、开门纳谏型，也可以专门针对某一个项目而展开；可以前往其他有经验的图书馆实地调研，相互学习交流，也可以面向读者调研，比如举行相关主题读者座谈会、开展调查问卷等，但必须围绕家庭阅读而展开。同时，调查和研究之间既有明显区别，又有紧密联系，调查是研究的前提和基础，研究是调查的发展和深化。调研读者需求指围绕家庭阅读对家庭读者的阅读需求进行调查和研究。调研不仅是一种工作方法，而且是关系图书馆家庭阅读推广工作得失成败的关键步骤。我们知道，家庭阅读至少应该包括父母自己阅读、亲子共读、孩子自己读书三个方面，每个方面都涉及不同的子领域，都可以成为图书馆调研家庭阅读读者需求的课题。

图书馆通过开展前期调研，形成调研报告，为创新家庭阅读推广活动的主题提供参考，为制定最佳的家庭阅读推广活动策划与实施方案打下基础。

以图书馆与家庭阅读专业委员会为平台，开展跨界对话与专业研讨的方式，在一定程度上可以帮助图书馆更加深入了解社会需求，更有针对性地指导家庭阅读实践，促进家庭阅读、全民阅读。

3. 方案实施步骤

有了好的活动主题创意之后，接下来需要制定活动方案。活动方案指围绕活动主题为某一项家庭阅读推广活动所制订的书面计划，涵盖活动开展过程中的所有要素和节点。

一份详尽的活动方案是家庭阅读推广活动顺利开展的基本保证。为此，需要对活动方案中每个关键步骤进行详细分析和研究，反复打磨，甚至需要对某些关键环节进行预演，才能形成最佳的活动方案，保障活动顺利开展。

（1）活动标题

活动标题要体现活动主题，用词确切，表意清楚，能抓住读者的眼球，走入读者的心里，引起读者共鸣，吸引读者参与活动。因此，活动标题应该切合实际要求，既要考虑大众需求，又要注重分众需求。

（2）活动时间

活动时间要有针对性。家庭阅读推广活动主要面向少年儿童或其父母开展，最好选在周末或晚上进行，以保证家庭读者有时间参与。要通过多种渠道提前公布活动时间，且不要轻易变更活动信息。

（3）活动目标

开展家庭阅读推广活动，需要先设立一个明确的活动目标。活动目标可以为活动的开展提供方向，为活动的完成设置预期，有助于在活动结束以后开展总结与效果评估工作。相对于活动主题而言，活动目标更加具体，更加接地气，便于读者理解和接受。

此外，要不断优化活动实施方案。图书馆在制定出一份初步的活动方案后，务必充分吸收主办方、合作方的意见和建议，逐步完善，确保各环节、步骤顺畅，可操作性强，必要时需要进行推演，以验证活动方案的可行性和可靠性。

（4）参加与组织人员

家庭阅读推广活动的组织实施至关重要。对于一项阅读推广活动，特别是大型活动，活动的发起、组织与实施，通常涉及众多单位，如主办单位、承办单位、联办单位、协办单位等。其中，主办单位一般是地方宣传、文化、教育等政府机构，以及工会、共青团委、妇联等群众性团体组织；联办单位、协办单位多是其他图书馆、学校、社区、媒体和赞助商等；图书馆则一般作为主要的承办单位，承担活动的策划、组织实施以及和其他组织者之间的协调联系等，这些工作具体而细致。在这个过程中，需要整合图书馆各部门的力量和资源，引入社会力量，以解决在开展阅读推广活动时所遇到的问题，并获得人力、物力、财力、智力的支持。在活动完成后，还要会同活动的相关部门或单位，及时对活动进行总结与评估。

此外，开展家庭阅读推广活动，对于图书馆是一项长期业务，需要有一套常规的运作和管理机制。这是推进图书馆阅读推广制度化建设的重要一环。还应从馆领导的层面重视阅读推广工作，如设置以馆长为组长的领导小组，以阅读推广常设部门为具体实施小组，科学安排，细化分工，责任到人。这是一个家庭阅读推广活动项目能否取得成功的重要因素。

（5）活动宣传

在完成家庭阅读推广活动策划的前提下，在活动组织实施之前，需要启动活动宣传。有效的活动宣传可以给读者留下美好的"第一感"①。图书馆应该进一步走出去，主动联络媒体，集思广益，借助多种宣传渠道，只有这样才能做好宣传工作。因此，有效的活动宣传对于阅读推广活动来说非常重要，它不但有助于提高活动的知名度和影响力，还有助于读者详细了解阅读推广活动信息，带动更多家庭和读者参与阅读推广活动。

图书馆家庭阅读推广活动宣传，一般分为两个阶段：前期宣传和后期宣传。无论处于哪一阶段，宣传都应该围绕家庭阅读推广活动的主题展开，充分利用活动的亮点吸引媒体和读者的眼球，以提升宣传的效果，达到宣传的目的。

第一，前期宣传是指将活动的相关信息，包括主题创意、活动方案等，迅速、精准、广泛地传递给读者。对于家庭阅读推广活动来说，活动目标群体明确，但通常任何一个活动都不可能满足所有家庭的个性化需求。因此，图书馆必须细分读者群体，比如，确定是面向孩子，还是面向家长，进而拟订宣传计划，制定相应的宣传方案，有针对性地开展宣传工作。

第二，活动现场的结束并不等于宣传工作的结束，图书馆应与读者建立密切联系，让读者对活动产生期待，培养读者对活动的忠诚度，形成该品牌的目标市场。同时，发布活动总结或调研报告，这不仅体现了对读者的重视，也有助于下一期活动的提升和优化，实质上延长了活动的生命周期。

每个阶段所采取的宣传方式不尽相同，但并无太大区别。就前期宣传而言，不仅要采取传统的宣传方式，比如宣传海报、横幅、宣传册、展板、宣传栏等，还要充分利用报纸、电视台、广播电台等媒体。例如，首届西南地区四城市"风•雅•颂——国学经典诵读"邀请赛，由文化和旅游部全国公共文化发展中心和中央人民广播电台《中国之声》共同主办，由成都市文化局发起，并联合昆明、贵阳、重庆三城市共同举办，整个赛事得到中央人民广播电台、《人民日报》《光明日报》以及当地报社、电视台、广播电台的报道，宣传效果很好，活动影响很大。

对于一般的阅读推广活动而言，宣传海报等传统的阵地宣传方式经济实惠，操作简单，但较为被动；电视台虽受众广泛，宣传效果好，宣传力度大，但宣

---

① "第一感"是由第一印象（也称首因效应，或先入为主效应）所引起的一种心理倾向，作用最强，持续时间也长，比之后得到的信息对于事物整个印象产生的作用更强。

传费用又太昂贵；相对来说，"互联网 + 新媒体"则更加适应时代要求，既取之长，又避其短。因此，在"互联网 +"时代，图书馆更要引入互联网思维，注重借助互联网平台和技术开展"互联网 + 新媒体"宣传。例如，"南国书香节"以青少年为重点，以培养阅读风尚、营造书香氛围为主线，由广东省委宣传部、广东省新闻出版广电局牵头主办，全省图书馆广泛参与。书香节组委会充分利用"互联网 + 新媒体"发动宣传攻势，在南方网、大洋网、网易、腾讯网、新浪网、广东文化网开设了全方位、多角度报道书香节盛况的专题，推出网络视频，还在腾讯网、新浪网开通微博与读者互动等。

就后期宣传而言，通常侧重主动性的宣传媒体，比如通过媒体、互联网发布活动圆满结束的新闻稿，还可以借助"互联网 + 新媒体"与读者开展后续互动，或发布调查问卷的研究报告。这既是对活动的总结，也是对活动的进一步宣传。除此之外，在"互联网 +"时代，尽管大众对文化活动的舆论关注度比对公共事务的关注度要小，但突发负面报道一旦经过互联网媒体转发后，可能在极短时间内迅速发酵，引发全社会关注，甚至传遍全球。为此，图书馆要树立基于互联网思维的危机处理意识，制定应急预案，以便妥善处理阅读推广活动宣传工作中的危机事件。

（6）现场组织与实施

在经济学中，资源配置是指根据社会需求，组织物资资料、设备、资本、劳动力等生产要素，对相对稀缺的资源在各种不同用途上加以比较做出选择，以对有限的、相对稀缺的资源进行合理配置，用最少的资源消耗，生产出最适用的商品，获得最佳效益。同理，在活动的现场组织实施过程中，必须做好资源配置工作，围绕某一个家庭阅读推广活动项目，对有限的人力、物力等，基于不同的岗位和用途进行合理分配和分工。

在活动实施之前，人员安排、场地布置、设备调试、文字材料准备、综合事务及其他会务服务必须全部到位。其一，工作人员要着装整洁、待人有礼。基于安全考虑，所有工作人员要熟悉场地的消防安全通道。其二，场地布置总体上要温馨舒适，给读者一种宾至如归的感觉，同时，要营造活动的氛围，突出活动的主题。在细节上，每一个环节都不允许有遗漏，比如，会场大厅导示牌、会场座位排序、桌椅摆放、条幅悬挂、舞台、讲台、花盆布置等。其三，设备调试要万无一失，比如电脑及投影仪、话筒、音响设备、摄影摄像设备、灯光、空调等。其四，文字材料要齐全，比如活动方案及议程、嘉宾发言稿、电子版演示文稿、活动宣传资料、资料袋以及纸笔等。其五，综合事务安排要细心周到，比如，与会领导房间安排、接待参观用车准备、用餐安排、报到接待及签到、进退场引导、现场摄影摄像，以及放置面巾纸、饮用水、传递话筒等其他会务服务。此外，要做好活动预备方案，即对潜在的或可能发生的突发状况，事先制定应急处理预案。

　　按计划准时开展活动，并确保活动有序进行。在活动现场实施过程中，工作人员仍有大量细致的工作要做，应按活动方案中拟定的任务分工继续完成。活动总负责人应全程实时跟进活动进度，并常规性地将活动现场的情况与前期策划时的活动方案进行对比，如果发现偏离主线，进度过快或过慢，要及时进行调整；对于活动现场出现的突发状况，要统筹协调、快速处理，如果活动仍要进行，要努力使活动的后续过程尽量回归原定方案，保障活动高质量完成。

　　活动现场应有专人负责收集读者的反馈信息，主要包括互动环节读者提出的问题和建议。活动结束后，可以主动索要读者联系方式，以便联络和继续沟通。同时，可以在活动场地配备意见簿等，用于收集读者对活动的意见或建议。

　　（7）活动总结与效果评估

　　从策划学的角度看，可将活动的总结评估定义为：在一定原则的指导下，运用科学的方式方法，对策划实施内容、运作程序、操作手段、功能结构及其最终效果等做出公正的判断和结论。对于图书馆家庭阅读推广活动来说，总结与评估是整个活动最后一个环节，全面细致地做好这一环节的工作，也是对整个活动的总结与评估，可以使活动有一个良好而又完整的收尾。

　　第一，在阅读推广活动结束后，活动总负责人应牵头对整个活动开展全方位、多角度地分析总结，这是对阅读推广活动效果的有效检验，可以为后续活动的开展提供重要的、可靠的参考意见，有利于在后续活动策划、组织实施过程中改进水平，提升技巧，避免图书馆在家庭阅读推广活动中自说自话、闭门造车，同时，也是对阅读推广活动过程中经验教训的总结。图书馆应主动搜集关于活动效果、读者满意度等方面的意见，深入总结，找到症结，及时提出改进措施和解决方案，哪怕只是"微改进"，也可能带动活动质量的提升。同时，对于活动过程中的成功经验，要继续发扬，从而使活动团队越来越富有经验和技巧，把家庭阅读推广活动开展得越来越丰富多彩，使之进入一种良性的循环状态。

第二，图书馆应该尽快建立和完善阅读推广活动评价机制。图书馆可以从以下两个方面着手开展效果评估工作：一是定性评估，即搜集活动策划团队的自我感受与评价、读者对活动各环节的反馈意见，以及媒体报道与社会影响等，据此做出定性评价。二是定量评估，即首先设计一套较为客观的、科学的阅读推广活动评价指标体系，评价指标至少要达到两级。以二级评价指标体系为例，具体包括：一级评价指标的内容及权重，二级评价指标的内容、权重、量化分值以及评价标准要点描述等。例如，一级评价指标可以包括活动过程、活动结果、设施设备等。其中，活动过程对应的二级评价指标可以包括规范性、沟通性、及时性等；活动结果对应的二级评价指标可以包括创意性、经济性、满意度等；设施设备对应的二级评价指标可以包括实用性、案例性、舒适性等。然后，基于这个评价指标体系设计调查问题，开展问卷调查，综合分析读者所打出的评价分值，即一定程度上实现对某一项阅读推广活动的定量评估。

整体来看，两种评估方式互有优劣，比如，定量评价侧重于对某一项活动本身的各个环节和要素进行评估，但并不能反映该项活动的社会价值和社会效益。因此，在对阅读推广活动进行效果评估时，应该注重定性评估与定量评估搭配使用，相互补充。

4. 品牌塑造

品牌是用以识别某个销售者的产品或服务，并使之与竞争对手的产品和服务相区别。图书馆家庭阅读推广活动品牌是图书馆通过开展特色化、个性化的家庭阅读推广活动，在图书馆业界和全民阅读领域形成一种独特性，打造一个全新的图书馆家庭阅读推广形象，彰显自己的特点，构筑未来的竞争优势，最终提升为图书馆的核心竞争力。通常情况下，家庭阅读推广活动品牌属于阅读推广活动品牌体系中的子品牌，后者又属于图书馆服务品牌体系中的子品牌。

对于图书馆家庭阅读推广活动而言，其品牌塑造同样需要经过品牌定位、品牌设计、品牌营销以及品牌延伸等若干环节。

（1）品牌定位

定位是确立产品在潜在顾客心目中的位置。图书馆家庭阅读推广活动品牌定位，是在读者的头脑中为某一活动品牌寻找一个独特的位置，也是给自己品牌确立一定的行业地位：它是一个互动过程，既是品牌信息传播的过程，也是读者对品牌认知的过程。一是要获得在图书馆业界内的竞争优势，即在读者心目中造成难以忘怀的、不易混淆的优势效果；二是要与其他品牌建立品牌区隔，突出差异性和特色。读者在产生了相关需求时，就可能会自然而然地首先想到这家图书馆、这个活动（品牌），达到先入为主的效果。

（2）品牌设计

品牌设计是对品牌形象的设计。与一般意义上的品牌相似，图书馆家庭阅读推广活动的品牌，其构成要素包括品牌名称、标识与图标、标记、标志字、标志色等，其中品牌名称是核心要素。

图书馆家庭阅读推广活动的品牌形象是指存在于读者心理的、关于品牌各要素的图像及概念的集合体。针对品牌形象的设计，主要体现为品牌的视觉系统设计。从广义上讲，品牌形象不仅指有形的内容（也就是外在品牌形象），比如，品牌视觉设计；还包括无形的内容（也就是内在品牌形象）。有学者提出，"品牌形象是指在竞争中，一种产品或服务差异化的含义联想集合"。从市场营销学的角度看，品牌形象的无形内容是由内而外展现出的独特魅力，能被消费者感知和接受的个性特征。

图书馆家庭阅读推广活动品牌不仅包括外在品牌形象，也包括内在品牌形象。例如，深圳图书馆南书房通过环境形象、员工形象、服务内容构建了一个完整的阅读推广和服务品牌形象，不仅在于空间设计上所散发出的古典严肃美和清新时尚感，而且还在于它所营造出的灵动飘逸、宁静温馨的阅读氛围，成为读者的"第三空间"，为读者提供了一个可沉下心、慢阅读、慢生活的公共书房，让读者可以舒适、自在地享受阅读的宁静与快乐，也可以参加沙龙、朗诵会、读剧、征文、书目展、图书版本展等系列活动，感受经典阅读的魅力。

（3）品牌营销

图书馆在进行家庭阅读推广活动品牌营销①的过程中，要灵活运用企业品牌营销的理论，不可生搬硬套，因为二者存在着本质的差异。一是图书馆服务属于公共文化服务范畴，公益性是其基本价值属性。因此，图书馆品牌营销始终

---

① 品牌营销是指通过市场营销使客户形成对企业品牌和产品的认知过程，利用品牌符号，把无形的营销网络铺到社会公众心里，把产品输送到消费者心里，使消费者认可产品和服务。

要以公益性为依归，旨在给读者提供更好更优质的公共文化服务；而企业品牌营销的最终目的则是实现企业利益最大化。二是图书馆所具有的公共文化属性，要求在对图书馆的品牌营销进行效果评估时把社会效益放在首位，实现社会效益和经济效益的统一；而企业品牌营销则主要看重经济效益，体现的是企业生产总值同生产成本之间的比例关系，比如，可以通过量化指标，准确得出销售额和利润，直观反映出品牌营销的效果。鉴于这种特殊性，图书馆在开展阅读推广活动品牌营销的过程中，应该着重从品牌意识、品牌质量、品牌传播等方面下功夫。

第一，树立品牌意识。品牌营销的前提和基础是要创立品牌，阅读推广活动好比一个企业的某种产品和产品系列，而产品不等于品牌，这要求图书馆在进行阅读推广活动的统筹和策划之前，要站在全馆的高度规划阅读推广活动的品牌定位、品牌设计、品牌营销与品牌管理等，以打造全馆统一、协调的品牌体系。

第二，控制品牌质量。对于图书馆来说，品牌质量是指品牌体系中某一次活动的质量，主要通过活动的前期策划、中期组织实施以及后期总结评估反映，其中每一个环节都是决定该活动质量水平的重要因素。比如，策划团队的水平、主题的创意性、活动方案的可操作性、现场的舒适性、双方的沟通性、读者的满意度，以及活动所产生的社会效益及影响等。品牌质量体现的是品牌的生命力，品牌之所以成为品牌，是因为所代表的是每次阅读推广活动的高质量，也因此能在读者中广为传播、备受赞誉。

第三，巧用品牌传播。对于图书馆来说，品牌传播主要是指以提供更优质的公共文化服务和推进全民阅读为原则，基于本馆阅读推广活动的品牌体系开展宣传和公关，将活动品牌推广到社会各个层面，比如社区、学校、家庭、工厂以及公共文化服务较为缺失的地方，免费开展阅读推广活动，体现图书馆服务的基本性、均等性、公益性和便利性。例如，图书馆要主动宣传推广，国内图书馆在采用横幅、海报、宣传册等进行宣传推广时，应加强对活动品牌形象的利用，比如，设计品牌标志，提高辨识度，增加宣传效果。随着互联网的发展，宣传推广时应注重线上线下结合的方式，充分利用互联网技术，让品牌的传播效果最大化。

（4）品牌延伸

图书馆家庭阅读推广活动的品牌延伸[①]，可能是通过本级品牌向下延伸产生新的子品牌，也可能是通过已有的一系列相关性很强的本级品牌向上延伸产生新的上一级品牌。当然，品牌延伸的结果不一定会立即形成新的品牌，也可以只是一个新的项目或一项新的活动。此时，图书馆应该注重对这些新延伸产生的项目或活动进行悉心培育，找准定位，使其逐渐成为潜在的、未来的家庭阅读推广活动品牌。

## 二、图书馆数字阅读推广模式

数字阅读以其便捷、环保、低价等优点，悄然改变着人们的阅读习惯，为人们的阅读带来了全新的体验。在数字阅读日益兴起的情势下，图书馆应加强数字阅读推广模式研究，引导读者阅读，提高读者阅读质量。

### （一）数字阅读的自身特点

数字阅读指的是阅读的数字化，数字阅读相较于传统阅读，呈现出其自身的特点。

第一，读者对象成群集聚。数字环境中，相同阅读兴趣的用户可以通过主动或被推荐的方式快速结识，将个人阅读变成公共阅读的团体行为，在小团体内交流心得、分享体会，共同参与团体发起或组织的活动，并将线上交往延伸到现实生活，如豆瓣小组、QQ群、微信群等。此外，数字化设备能通过记录读者个人阅读内容的相关信息，对用户进行包括性别、年龄、职业、阅读兴趣、阅读习惯等在内的多维度分类、分组，并针对不同类别的用户群开展个性化服务。

第二，阅读形态多元化。多种阅读设备，如计算机、平板电脑、手机、电子书阅读器、MP3、PSP、MP4等可供读者自主选择；各种格式、长度及体量的文本、声音、图像、动画等，通过单一或组合的方式提供给读者，带给读者多元化的内容体验。

第三，阅读内容交互融合。读者在线上阅读的认知过程中，通过阅读社会

---

① 品牌延伸是指在已有相当知名度与市场影响力的品牌基础上，将原品牌运用到新产品或服务上，以期减少新产品进入市场风险的一种营销策略。品牌延伸具有能增加新产品的可接受性、降低消费行为的风险、提高促销性开支使用效率、满足消费者多样性需要等多项功能。

化交互，包括内容分享、转发、评议、回复等，实现互动参与、社会交往。在此过程中，用户既是数字内容的创建者也是读者；数字化内容之间相互引证、内外链接，读者可以根据需要拓展或延伸阅读内容。此外，传统以文本为主的平面静态阅读逐渐发展为文、图、声、像结合的动态、多维、立体式阅读；数字化阅读设备通过对阅读内容、阅读标记、用户评价、浏览痕迹等记录和计算，推荐读者可能感兴趣的内容等。

第四，阅读模式多样化。读者可以根据自己的阅读偏好，自主调整字体、字号、背景颜色、亮度等；根据阅读环境或习惯的差异，选择在线浏览或离线阅读、翻页或滑动阅读、横屏或竖屏阅读、默读或听读、顺读或跳读，甚至通过检索匹配的查询式阅读。除了主动获取感兴趣的内容外，还可接受阅读推送等。

数字阅读有着无可争议的诸多优势，如使用便捷、检索快速、储存海量、动态立体媒体、跨平台交互、用户参与内容创建、价格低廉等。

**（二）数字阅读推广活动的开展**

1. 基于微博的数字阅读推广活动

利用微博开展数字阅读推广活动已成为很多图书馆的必备工作之一，140 字的图文完全可以开展内容丰富多彩的活动。无论是常规的资源推送还是开展线上活动，文字的表达及配置的图片都需要精心设计，应亲切活泼、令人愉悦，使用户乐意接受并参与。除了语言文字表达清晰、准确、友好之外，图片的配置要适合语言文本的描述，或者画龙点睛，或者呼应，或者是更加清晰地展示等。每一条优秀或者合格的微博，都是洗练精彩的文图作品。

（1）"1+N"模式

"1"为微博宣传广告语，"+"为具体参与活动的网页链接，"N"为相关网页的具体内容，可以是在线调查问卷、游戏题、知识问答、推荐的数字阅读内容、微书评等，这种模式较为常见。

"1+N"模式的应用包括：①活动页面的设计应尽量清新、简单、易用，内容不宜太多。用户参与时登记项目不要遗漏也不要过多。若为抽奖活动，公布获奖名单时要注意用户信息安全。②在设计数字阅读推广活动的内容时，可以围绕数字阅读使用技巧、数字阅读资源库类型、数字阅读内容、数字阅读达人竞赛、数字阅读经验分享、数字阅读推广宣传活动征集等，推广活动的宗旨就是让更多人知道、让更多人使用图书馆的数字阅读资源。

微博活动开展看起来比较容易，实际比较难，难点在于需要对互动网页进行研发设计、对微博软文进行编写，并需在长期的粉丝积累的基础上开展。

（2）其他推广功能

微博中带"微博活动"栏目，目前可以提供有奖转发、限时抢、有奖征集、预约抢购、免费试用等模块，适用于数字阅读推广的模块主要为有奖转发、有奖征集两种，当然也可以根据自身活动内容选择相应的模块。活动功能模式与活动内容不会完全匹配，需要适应它的固定模板，有局限性。但其优点是针对自行研发活动网页有困难的用户，这个功能是免费开展同样类型活动的实现途径。

使用微博活动模块功能时必须熟悉使用方法，但要跳出模块的设计思维，将商用范式转化为数字阅读推广的范式。除此之外，还有其他应用功能模块可以使用，类似于移动端的各种 App，在微博中称为"应用"。在微博官方应用界面中，用户可以选择所需模块，熟悉模块操作后即可开展，但需要注意是否收费。譬如，曾经流行过的"微博大屏"应用，是需要收费的，但是它也提供免费试用的简单版本或免费使用的次数等。

这样的在线活动开展起来比较难，需要将微博提供的各种应用功能研究透彻，熟悉各种免费使用规则，并适合图书馆开展的活动。当然，如果有团队协作可以做得更好。

2. 基于微信的数字阅读推广活动

微信的推广模式——微信公众号，又分为服务号、订阅号及企业号。微信公众号适合开展线上展览活动，因为精美的画面与美感的文字可以让人有阅读下去的欲望。同样，活动举办方可以开展类似活动，比如，展示数字阅读实体空间，并可以在微信上在线预约，那么一个简单的数字阅读服务活动就完成了。需要说明的是，微信公众号平台自身的功能是非常简单的，不足以开展更多的线上活动，所以很多公司提供微信功能研发，比如预约功能。随着微信逐渐渗透到每个人的生活中，微信公众号的用户呈几何级增长，在操作上要特别注意，简单的活动也能有非常好的效果。

3. 基于移动客户端的数字阅读推广活动

图书馆移动客户端，即图书馆 App，就是一个数字阅读资源＋移动图书馆服务的应用软件。很多图书馆通常会将图书馆移动客户端制作出一个二维码，在各种宣传品上印制宣传，或者在各种读者服务活动中穿插介绍，并鼓励用户下载安装。在做推广活动时，可采用体验方式、应用方式。

第一，体验方式。即向读者介绍移动图书馆的便利性，如馆情资讯、图书续借功能、借阅信息查询、讲座活动信息查询等，以及各种免费、有版权、制作精良的数字阅读资源。

第二，应用方式。将客户端的一些功能或资源融入用户的日常活动中，以用户可以接受的方式来推广图书馆移动客户端。如客户端的"活动预约/报名"功能，将图书馆开展的各种实体活动提供到客户端的预约服务，读者只要登录图书馆移动客户端在"活动预约"页面就可以了解活动内容并在线预约。而在活动海报等宣传中，可添加客户端的报名方式，引导读者安装并使用。

4. 基于短视频的数字阅读推广活动

第一，调动情绪共鸣。通过巧妙地运用短视频情感营销策略，数字阅读推广领域正迎来一场情感的洪流。这个策略的核心在于激发用户内心深处的情感共鸣，将他们与数字阅读推广联系在一起，从而达到更深层次的触达和关注。为了实现这一目标，精心设计的短视频内容是关键所在。这些视频将结合创意和爆款元素，以吸引用户的目光，并在情感上触及他们的内心。用户将能够在这些视频中找到自己的情感共鸣点，从而愿意深入了解数字阅读推广的内容。

第二，增强触达性与靶向性。为了进一步提高数字阅读推广的触达性，需要利用短视频平台的社交化营销能力，精确地定位目标受众。这将确保视频内容最大限度地触及潜在用户，并将他们吸引到数字阅读推广的世界中。同时，跨平台全渠道营销手段也是不可或缺的，这将确保数字阅读推广内容能够在多个平台上传播，形成一个网络，从而提高触达性和知名度。

不仅如此，数字阅读推广需要依赖于一系列品牌影响力的元素，以强化用户对品牌的情感依赖。这可以通过与网红主播和业内专家合作来实现。这些合作伙伴的品牌影响力可以让用户更容易信任数字阅读推广品牌，并感到更有归属感，从而形成一个高黏性的品牌社群。

第三，将用户关注转化为可持续参与动能。数字阅读推广需要创造一个环境，融合了传播和互动场景。这可以通过线上交互渠道来实现，以提高用户的体验满意度。此外，还可以提供线下互动空间，为用户提供个性化和定制化的数字阅读体验，使他们真正参与其中。

为了进一步推动数字阅读推广的生动态势，可以利用线下推广场景进行线上导流。例如，与图书馆合作，将数字阅读短视频营销引入实体图书馆，为用户提供更多互动的机会。这将有助于吸引更多用户，并促进数字阅读短视频营销的可持续发展。

5. 基于"AI+5G"的数字阅读推广活动

随着 AI 和 5G 技术的发展，图书馆可以利用 AI 及 5G 技术建立具有个性化特征的数字资源库及读者信息库，提升阅读推广的质量和精准性。读者登录图书馆网站获取数字资源时，会受到网速、同一时间阅览人数等条件的限制，在这种模式下，图书馆的服务能力是有限的，而在 5G 移动网速下，数据传播速度显著提升，读者的资源获取速度也得到了明显提高。同时，智能技术也取代了传统人工分析推送的环节，以 AI 技术为主的智能翻译、智能朗读等将会作为阅读推广服务模式的附加服务为读者阅读提供更多帮助。

## 三、"城市书房"引领新型阅读推广模式

城市书房是公共文化服务打通"最后一公里路"的创新渠道，是推动图书馆事业高质量发展的"动力源"。

### （一）图书馆打造"城市书房"的必要性

1. 注重城市书房的作用

"城市书房作为新型公共阅读空间的代表，已成为我国现代化公共文化服务体系不可或缺的组成部分和推动全民阅读的重要抓手。"[①] 从城市书房的角度来看，它无疑是一项富有创新精神的举措，旨在推动全民阅读，并完善公共文化服务体系。在互联网不断发展的今天，社会上的阅读行为呈现出多样性，阅读产业也日益商业化，数字阅读等新模式不断挤占传统纸质阅读的市场份额。

在这个时代背景下，城市书房充分展现了其引领深度阅读、传承经典阅读、支持纸质阅读的重要作用。它不仅能够满足读者多元化的阅读需求，还提供了宜人的阅读环境，为人们创造了一种愉悦的文化氛围。此外，城市书房还配备了各种人性化的服务，以确保每位读者都能够享受到更好的阅读体验。

---

① 郝伶俐，陶鑫. 襄阳城市书房可持续发展中的问题及对策研究 [J]. 图书馆理论与实践，2022，（02）：60.

2. 图书馆自身发展的要求

图书馆在城市居民的生活中扮演着极为重要的角色，它已经不再仅仅是一座堆积着书籍的建筑物，而成了城市居民的第二起居室。这一转变的背后，有着城市书房概念的崭露头角，它成功地将图书馆引入了日常生活，拉近了居民与图书馆的距离，使其成为一个不可或缺的文化资源。

城市书房的最大特点之一是对所有读者的免费开放，不论年龄、性别或其他身份特征，每个人都有平等的机会享受图书馆的资源和服务。这种平等自由开放的理念，正是图书馆作为文化机构的核心特征之一，它为社会提供了一个包容、多元的知识共享空间。

在城市书房的选址过程中，图书馆积极听取了公众的意见，将书房选址在交通便利、人流密集、环境优雅的区域。这一做法不仅提高了居民对文化资源的便捷获取，还增强了文化权利的保障，让更多的人能够方便地融入城市的文化生活中。

图书馆作为社会文化资源的提供者，不仅提供了丰富的书籍和文献，还提供了特色数据库、地区历史信息等多元化的资源。这些资源的充分利用，不仅满足了读者的知识需求，也为城市的文化建设做出了积极贡献。

城市书房的出现，延伸了图书馆的服务领域，更好地体现了图书馆一直坚持的开放、公平、便捷、亲民的特点。它不仅提供了阅读和学习的场所，还承担起文化活动的举办，为社区居民提供了一个交流互动的平台。

最重要的是，城市书房的产生，强调了图书馆在社会中的重要性。它不再仅仅是一个存储知识的地方，更是一个活跃的文化中心，与城市居民的生活息息相关。这种演变凸显了图书馆的价值和作用，使其更好地适应了现代社会的需求，成为城市文化生活中不可或缺的一部分。

3. 满足公众与社会的需求

城市书房是一种独特的场所，既提供休闲机会，又为知识获取创造机会。这些书房不仅是舒适的休息场所，还是知识的殿堂，使市民能够在这里阅读书籍、沉浸在知识的海洋中，或安静地享受一杯咖啡。这种多功能空间使城市书房成为社区中不可或缺的资源。

城市书房不仅是一个休闲场所，它还帮助市民减轻压力并提高学习效率。在这个安静的环境中，人们可以专注于学习和工作，远离城市的喧嚣和干扰。

这种学习环境有助于提高个人的学术成绩和职业发展。此外，城市书房还促进了人际关系的和谐与发展。人们可以在这里相遇、交流思想，形成新的友谊和合作关系。城市书房成为思想交流和碰撞的平台，有助于城市社区更加紧密地联系在一起。

尽管城市书房在提供休闲、知识获取和社交机会方面发挥着如此重要的作用，但在现实中，它并没有得到足够的重视和投资。政府、图书馆、社会组织机构和使用者都应该共同努力，加大对城市书房的重视程度。政府可以提供更多的经费和资源来支持这些书房的建设和维护，图书馆和社会组织机构可以提供更多的服务和活动，以吸引更多的人前来参与，而使用者则应该高效利用这些资源，为自己和社区带来更多的益处。

城市书房在精神文明建设中扮演着重要的角色。它们促进了思想交流，传承了城市文化，建设了社会精神文化体系。城市书房不仅是一个地方，还是一个精神的家园，是一个减轻压力、启发智慧、促进社会和谐的地方。

4. 实践上具有可行性

我国的图书馆在打造"城市书房"方面取得了预期成效，这一举措的成功率较高，显示出较大的可行性。这些成功案例为全国各地的城市书房开设奠定了坚实的基础。城市书房的建设是基于充分调查城市居民对公共文化服务需求的实践。通过深入了解市民的需求和期望，图书馆能够更好地满足他们的文化和知识需求，从而提高了城市书房的实际效益。

在这些城市书房中，市民们可以轻松地获得各种图书、期刊、报纸和数字资源，丰富了他们的阅读选择。此外，一些城市书房还提供多样化的文化活动和知识分享机会，进一步促进了社区的文化交流和教育水平的提高。

**（二）图书馆城市书房建设的策略**

"城市书房"是图书馆深入推动公共文化体系建设的一项关键举措。它不仅为城市居民提供了一个愉悦的学习和休闲场所，而且通过促进自由交流的方式，让书房中的读者之间的思想交流得以蓬勃发展，有力地促进了城市社会关系的和谐进展。

图书馆城市书房建设的策略如下。

1. 设置合理的选址布局

在城市化进程日益加速的今天，社会对素质教育的需求不断增长。为满足这一需求，城市需要建设更多的公共文化服务设施，其中包括城市书房。然而，要确保城市书房的有效运营和均等服务，就需要设置合理的选址布局。以下方面应得到重视。

第一，选址布局需考虑人口密集程度、交通、环境等多方面因素。城市书房应该位于人口密集区域，以确保更多的市民可以方便地访问。同时，交通便捷的地点也应成为首选，这有助于吸引更多的读者。此外，环境因素也必须考虑进来，以确保读者在书房内能够享受宁静的阅读环境。这种综合考虑的选址方式可以有助于打造一个城市的"15分钟阅读圈"，使更多人能够方便地获得阅读服务。

第二，避免重复建设是非常重要的。城市书房的选址应该避免与已有的文化设施重叠，以充分利用资源，确保城市书房的服务不会受到竞争或浪费。合理贴近读者需求是避免重复建设的关键。市政府可以进行详细的需求调查和市场分析，以确定最需要城市书房的地区，然后在这些地区进行合理的选址，以满足市民的需求。

2. 科学控制建设的速度

在建设城市书房时，不仅需要设置合理的选址布局，还需要科学控制建设的速度。以下方面应得到重视。

第一，建设进度应因地制宜，结合实际情况考虑建设规划。不同地区的需求和条件各不相同，因此，在制订建设计划时，应根据具体情况进行调整。这可以确保城市书房的建设更加符合当地的实际需求，提高了项目的可持续性。

第二，长期计划应优先考虑建设质量而非数量。城市书房的建设不应仅仅追求数量的增长，而是应该注重提高建设质量。这包括书房的设计、藏书的采购、设备的配置等方面，都应该力求达到最高标准，以提供优质的阅读体验。

第三，延长建设周期是保证建设质量的一种有效手段。有时候，为了解决潜在的问题和确保城市书房的持久运营，需要更长的建设周期。这可以给项目团队更多的时间来精心设计和施工，以及确保所有细节都得到妥善处理。

第四，合作伙伴需要磨合时间，以实现更好的协作。在城市书房的建设过程中，通常需要与不同的合作伙伴合作，包括政府部门、文化机构和施工公司等。为了确保协作的顺利进行，合作伙伴之间需要有足够的磨合时间，以建立有效的沟通和合作机制，以及解决潜在的问题。

# 第四节 图书馆阅读推广的工作机制

阅读推广工作机制就是阅读推广体系中的所有机构，在国家政策、法律法规约束以及行业规范指导下，运用科学的方法和流程，协同开展阅读推广工作，促进国民阅读体系的发育、形成、发展和完善，促进学习型社会的形成。从阅读推广的组织体制和运作形式来说，国民阅读推广机制属于指导服务模式。

## 一、图书馆阅读推广的宣传指导机制

作为国民阅读体系建立过程中的阅读推广工作，目标是促进国民"阅读"，着力点则在于"推广"。推广的过程就是阅读宣传的过程，推广的主要方式是指导阅读。

### （一）图书馆教育

图书馆教育就是通过对读者开展图书馆文献资源、服务功能、服务方式和利用方法的宣传，让读者认识图书馆、了解图书馆、热爱图书馆，从而激发更多的人走进图书馆、利用图书馆。

在传统的阅读推广活动中，图书馆简介、借阅流程、新书推介、目录导航、读者调查等是大部分图书馆的常规性工作。当前，在高校图书馆，通过新生入馆教育和信息素养课程，让学生读者全面了解图书馆，从而尽快利用图书馆，在全媒体时代更好地获取最新知识信息，以促进专业发展和个人成长。

### （二）媒体宣传

图书馆工作者与读者面对面交流毕竟有时间和空间上的限制，阅读推广工作的宣传离不开媒体。通过电视宣传短片、广播电台、报刊、海报、车厢广告等方式提高阅读推广计划的知名度，是传统的媒体宣传模式。在全媒体时代，阅读推广工作要充分利用更多新媒体，开展跨媒体宣传。网络、手机报、5G移动通信、3D影视、触屏传媒等都可以成为阅读推广宣传的媒体平台。只有全方位利用传统与现代媒体技术，阅读推广的宣传才能更快捷，覆盖面才能更广泛，效果也才能更好。

### （三）讲座培训

讲座培训是针对特定读者，在特定的时间和空间里开展的阅读推广宣传活动，几乎为所有的阅读推广机构所使用。它的优点是面对面零距离交流，具有互动性和实效性，还可以主讲者和培训者亲身经历与读者分享，能直接指导阅读方法，同步解答读者疑问。

### （四）创新宣传方式

随着媒体的发展，公众交流方式的多元化、现代化，阅读推广宣传工作也应不断创新。无论是图书馆，还是出版社、书店、民间机构，都可以尝试使用适合自己行业特点的新的宣传方式。比如，出版社可以建立独立书评人机制，文化部门也可以设立专项基金，通过招标及其他相关方式，扶持一些独立的、在全国具有良好公信力的推广机构，委托它们定期向社会推荐优秀图书，还可以对一些粗制滥造的图书进行曝光。

## 二、图书馆阅读推广的激励考核机制

激励机制是指管理者依据法律法规、价值取向和文化环境等，对管理对象之行为从物质、精神等方面进行激发和鼓励，以使其行为继续发展的机制。

### （一）晋级机制

晋级激励是使优秀阅读者区别于一般阅读者，通过物质及精神双重激励，起到激发阅读者阅读兴趣的一种激励方式。

1. 晋级激励作用

（1）晋级激励与绩效相互作用。阅读推广绩效是指图书馆在一定时期内阅读推广活动的效益和阅读者的业绩，也就是阅读者个人在阅读过程中所取得的成绩和阅读推广活动组织在数量、质量及效率等方面的完成任务情况。绩效是阅读者阅读情况的客观反映，晋级的主要评定方式就是绩效；而晋级激励的主要目的就是提高阅读者阅读绩效。

（2）具有转化行为的作用。晋级激励的过程就是通过外界施加的吸引力与推动力，激发阅读者内在的动力和要求，从而使他们积极参与阅读，去实现图书馆阅读活动的目标和任务。而外界推动力的影响，只有被阅读者自身消化和吸收，才会产生一种自动力，才能使阅读者由消极的"要我读"转化为积极的"我要读"。外界施加的吸引力与推动力，离不开阅读者的自身因素；同样强度的推动力与吸引力，对于不同阅读者转化产生的自动力，具有一定的强弱差异。从被动阅读到主动阅读的转化行为，正是晋级激励的本质所在。

（3）具有物质激励与精神激励的作用。晋级对于阅读者来说，既是对个人荣誉感的满足，又是一种物质上的奖励。例如，晋级后可能会获得更多的借书权限、更优质的服务待遇或参与更高层次的学术交流机会等。这些奖励不仅能够激发阅读者的积极性和主动性，提高他们的阅读效果和综合素质，同时，也有助于提升图书馆的知名度和影响力。

2. 晋级激励机制的运用分析与控制

（1）物质激励。如对于小学低年级学生可奖励一些小五角星、卡通小贴画、糖果、小玩具和一些常用文具等；对于高年级学生可奖励一些移动U盘、购书奖券等。发放实物一定要做到按所制定的等级标准发放，保障实物激励的诚信度，如按照年参与阅读天数与借阅图书册数达到规定的指标量等给予激励。

（2）精神激励。在实施荣誉激励时，首先应建立荣誉晋级机制，对荣誉晋级激励的类型、等级、形式和程序的内容和标准，应明确细化，体现激励先进性和代表性，如根据中小学生借阅图书的数量颁发"阅读学士""阅读硕士""阅读博士""优秀小阅读者"等荣誉奖状。借助于荣誉感的刺激，使读者产生阅读兴趣，形成一种阅读动力和成就感。同时，对获奖人员要加强宣传推广，充分发挥舆论效应和榜样示范作用。

（3）目标激励。目标是组织对个体的一种心理引力，在目标设置上要合理可行，并与阅读者的切身利益紧密联系起来，如按照阅读者的年龄、知识层次设置相应目标激励。设置目标激励，还必须使人们看得到，并得到实现目标激励后的利益，起到调动人的积极性和主动性的作用。

（4）复合激励。复合激励是一种精神激励和物质激励相结合的激励方式。精神激励需要借助一定的物质载体，而物质激励则必须包含一定的思想内容，只有精神激励手段和物质激励手段紧密联系，互为补充，才能进一步调动、激发读者自我完善的积极性。物质奖励、精神奖励是相辅相成的两种激励方式，如果只强调物质激励而忽视精神激励，或只强调精神激励而忽视物质激励都是片面的，这对调动阅读者的积极性会大打折扣。

（5）公众舆论激励。公众舆论激励是以舆论来支持或反对的激励形式，也可以称为荣辱激励。它是运用社会公德、职业道德的一般规范，造成某种舆论氛围，使激励对象产生一种荣誉感，只要激励得到公众舆论和激励对象的认同和支持时，激励的效果就会大大增强。可通过通报、墙报、广播等宣传媒介，对阅读事迹进行表扬，发挥舆论引导的作用。

（6）政策激励。政策激励主要是借助政府行为促进阅读推广活动的开展，发挥政府对图书馆阅读推广活动的导向和激励作用。目前，政府对图书馆阅读推广活动的政策激励机制还不健全，缺乏有效支撑体系，更需阅读推广组织努力去争取政策支持，通过政策激励促进阅读推广的开展。

3. 阅读晋级激励的注意事项

（1）制定激励的原则。设定不同的绩效标准和奖励措施，适应不同阅读者的心理需要，以最大限度地激发阅读者的阅读积极性。如目的性原则，激励阅读要有明确的激励导向目标，才能引导阅读者的阅读与阅读推广目标相一致，避免以纯粹满足阅读者而脱离阅读激励的真正目的；系统性原则，激励机制的设计要由全局的系统方式来指导，并贯彻到激励机制设计的整体系统中。激励机制设计中各个层次的阅读者绩效目标与阅读推广组织目标应趋于一致。此外，一旦确定激励机制，应体现制度效力。

（2）建立合理的级别。如荣誉级别、阅读优待级别等，明确各个级别的要求与标准，为晋级考核和考评提供依据。

（3）理顺晋级的程序。如成立晋级评审委员会，设置晋级者申请、阅读中心部审核、阅读委员会评审、合格晋级者面谈等步骤。

（4）明确目标，围绕目标实施激励。目标设置应是阅读者经过一番努力能够达到的。这就要把握和分析阅读者的共性特征和个性特点，有针对性地施行激励措施和手段。了解阅读者的需要与偏好，确定运用精神激励、物质激励、复合激励。由于每种激励方式有其各自的侧重点，在激励过程中仅仅依靠其中某种激励机制是无法实现阅读推广活动总目标的，必须综合运用各种激励机制，让其相互依赖、相互补充，配合使用，提高激励效果。

**（二）阅读认证机制**

阅读认证就是由文化行政部门审核确立的认证机构，对读者阅读水平进行评估，认定等级并颁发证书的过程。阅读认证机构一般设立在图书馆或高校学术机构中，由阅读学、图书馆学等方面的专家组成。

1. 阅读认证的主要特点

一是权威性。阅读认证的权威性来自认证组织的正规性，来自认证专家的资深阅历和良好声誉，也来自认证工作的严谨规范性。

二是目标化。阅读认证要将读者阅读水平目标化，并根据阅读规律分解成细化目标。这样，才能让读者有明确的努力方向，才能科学地开展认证工作。

三是等级性。阅读认证形成的最终结论是以等级方式呈现，对读者是一个科学的认定，也为社会机构培养和选拔人才提供参考。

2. 阅读认证的基本原则

一是客观性原则。阅读认证必须以事实为依据，在对读者阅读能力和水平的认真检测和科学分析的基础上形成结果，主观臆测只会得出没有说服力的不准确结论。

二是实践性原则。阅读认证来源于实践，也就是通过读者的阅读、理解、表达等具体实践过程及其对各项指标的实现程度的测评，这样的认证结果才是真实可信的。

三是发展性原则。读者的阅读能力和水平是在动态发展中形成相对稳定的指标。因此，一次阅读认证不能成为终极认证结果。

3. 阅读认证的策略分析

第一，科学设计认证指标。认证内容和指标是阅读认证的重要方面，因此，阅读认证机构要在深入调研并在反复尝试测评的基础上确立认证指标。在认证过程中，要注重被测评者的反馈意见，不断调整相关内容和指标，最终形成相对严密科学的指标体系。

第二，合理运用认证方法。认证来源于对诸项指标的测评，测评的方法要多样化，尽可能采用量化测评法。但阅读是一种思维创造活动，具有灵感性和跳跃性，有时很难捕捉，很难准确判断。因此，有必要适当增加测评次数，科学提取均值。

第三，重视形成性认证。一张测评试卷，一次结论性测试，这种终结性评价不能全面代表读者阅读水平。阅读认证要关注阅读过程中读者的心智发展，也包括好习惯的养成、好方法的运用、效率的提高等。

第四，不以认证为唯一结论。阅读认证只是一种参考，有科学依据也有偶然因素。因此，无论是读者本人和认证机构，或是其他人员，都不要把阅读认证作为唯一的评价结果。

### 三、图书馆阅读推广的保障机制

#### （一）图书馆阅读推广的组织保障

组织与领导是促进阅读推广的关键。国家、地方、学校等各级政府、组织应对阅读推广有正确的认识，并高度重视。在中央和地方各级政府的号召下，目前，我国已培养出了一大批阅读推广人和阅读推广组织。

阅读推广不是一个独立的项目，它涉及的目标范围广，类型多、层次复杂，无法依靠一家机构的力量达成目标。目前，国内各级阅读推广委员会是全国阅读推广工作的指导规划与促进者，决定了阅读推广工作的方向；而各级图书馆是阅读推广实施的中坚力量，对阅读推广工作的组织开展负有重要责任。

各级图书馆应首先提高对阅读推广责任的认识水平，同时，要在传统组织机构建设模式的基础上，创新发展出适应于图书馆运行模式的阅读推广组织结构，切实为阅读推广工作的持续推进提供组织保障。例如，同济大学图书馆结合自身实际，专门组建了一种矩阵型的阅读推广组织机构，即平时由一位图书馆负责人领导 2 ~ 3 人的工作小组进行阅读推广工作系统规划和选题计划，在确定项目后，可抽调图书馆各个部门的人员组成一个临时的班子，从事具体策划和实施。待项目完成，抽调的工作人员回到原来的岗位中。这种矩阵型的组织机构有利于减少阅读推广工作的专门人员的数量，但对于临时抽调上来的工作人员的专业性与组织培训是这种组织机构需要考虑的问题。

#### （二）图书馆阅读推广的人员保障

人员是组织的基本要素，是构成组织的"硬件"。在阅读推广中，需要三类人员：一类为具有沟通、协调能力的组织设计者；另一类为执行能力强、拥有一定阅读经验的具体实施者；还有一类则为果断、敏锐的监测评估者。

目前，我国阅读推广的专业人才相对缺乏，尤其在图书馆中，大多由馆员兼职承担阅读推广任务。国外图书馆员必须取得专业资源证书后方可从业。而我国至今没有专门的图书馆员职业资格认证，馆员队伍普遍存在学历不高，专业能力不足的问题。再加之图书馆的待遇普遍不高，很难引进高学历、高素质的人才。为缓解人员缺乏的问题，阅读推广组织开始探索新的活动组织模式，其中比较常见的是"馆员团队＋志愿者组织"的模式，这种模式在高校中尤为常见，主要由图书馆与相关学生志愿者组织联合开展阅读推广活动。西南科技大学图书馆还通过与学校研究生院合作，将学科专业导师纳入阅读推广队伍，充分发挥他们在专业导读中的优势力量。这些措施在各展所长的同时，不仅节约了图书馆的人力成本，还充分调动了读者参与阅读推广活动的积极性。

近年来，随着网络交流技术的飞速发展，一批活跃的阅读推广人开始进入人们的视野，他们中有专业教育老师、幼儿教育专家、心理研究人员，还有经济评论人员，其中不乏各领域专家。这些人或以强大的专业背景，或以人格魅力，通过企业组织平台，以线上交流、分享的形式，针对特定人群进行专业的深度的阅读指导，在引导大众阅读行为、培养阅读思维等方面具有较为广泛深远的影响力。

**（三）图书馆阅读推广的文献保障**

阅读推广工作的基础和前提是文献资源，没有丰富的文献资源，阅读推广工作就是无源之水、无本之木，不仅难以达到理想的效果，也无法长期坚持下去。

出版社开展阅读推广工作，是要把自己出版的精品图书推广出去；书店开展的阅读推广工作，是要将最新最好的图书销售出去；媒体开展的阅读推广活动，是要让读者在阅读自己喜爱的图书和作品的同时，产生媒体销售和利用效益；图书馆开展阅读推广工作，就是要让馆藏文献充分地得到利用，同时促进更多更好的文献进入图书馆。

1. 基本文献

基本文献是面向大众化读者的文献。图书馆必须首先充实这部分文献资源，从而拥有最大量的读者。只有保障有基本文献，图书馆才拥有最基本的读者群，这是开展阅读推广工作的前提和基础。

2. 特色文献

特色文献建设也是图书馆特色建设的标志。特色文献或与地域文化相联系，或与专业建设相联系，是图书馆服务的主体读者的需求，也是图书馆办馆水平和实力的体现。有了这部分资源的保障，阅读推广工作才能更有张力、更有品位。

3. 特殊文献

特殊文献就是"镇馆之宝"，是"人无我有"的资源，这类文献需要图书馆用心搜寻，精心管理，才能不断丰富或完整收藏。特殊文献保障，会提高图书馆的学术水平和知名度，对阅读推广工作是有力的促进。

4. 文献更新率

现在，每天都有数以千计的图书馆文献诞生，图书馆必须与时俱进，不断更新图书。这样，才能把最新最好的文献呈现给读者，也能让阅读推广工作与时俱进。可以这样说，文献更新率是一个图书馆生命蓬勃之源，也是阅读推广工作的不竭之源。

**（四）图书馆阅读推广的经费保障**

充足的经费是阅读推广活动得以有效实施的重要保障。阅读推广项目的经费主要用于支出人员经费，既包括项目实施过程所需劳动力，也包括项目中涉及的专家、顾问等专业人员的聘请费用；场地及设备的租金，如活动场地的租赁费、多媒体演示设备等设施的购置或租借费；广告宣传，既包括各类宣传画册、资料、培训资料等宣传品的印制费用，也包括用于宣传报道所需的版费等；奖品，即各项活动的奖项设置经费；运输费，包括活动用车、宾客及工作人员交通费等；以及特殊情况下产生的应急支出。

在我国阅读推广中，经费的来源通常有三个渠道：一是实施部门自身的经费。二是上级部门的专项经费。三是其他个人或组织的赞助、捐赠。2018 年正式实施的《中华人民共和国公共图书馆法》已明确指出，"国家鼓励公民，法人和其他组织依法向公共图书馆捐赠，并依法给予税收优惠"。图书馆应充分发挥组织效应，积极寻求赞助，争取更多的社会资源，建立阅读基金，实现图书馆与企业组织之间的双赢合作。

# 第五章　现代图书馆未成年人阅读推广实践

## 第一节　图书馆未成年人阅读服务工作的作用

随着社会文化的不断进步，社会的多元化和包容性越来越强，只有全方位发掘未成年人潜能，使其提高综合素质，他们才能更好地适应社会的发展。图书馆应明确自身责任，充分认识提供未成年人阅读服务的重要性，并积极探索其推广举措，让未成年人获得阅读服务保障。

图书馆未成年人阅读服务工作的作用体现在以下方面。

### 一、有利于指导未成年人的阅读行为

对未成年人进行阅读指导是图书馆未成年人服务工作的重要任务之一，在时代的发展浪潮中，该工作的落实和质量保障都将离不开与社会教育部门、未成年人家长及其他相关机构的通力合作。

第一，在落实未成年人阅读指导工作方面，图书馆社会责任重大，因此，需要图书馆不断升级自身的未成年人服务质量，同时引导图书馆员提升个人素养。具体到工作实践上，未成年人必须在图书馆员的正确引导下，树立多读书的意识，通过合理利用图书馆资源，建立自身更加完善的知识体系。

第二，为了吸引更多的未成年人到馆阅读，图书馆员必须立足图书馆现有资源优势，创设能够激发未成年人阅读兴趣的有趣环境。

第三，在更好地落实未成年人阅读指导工作方面，图书馆员还应尤其重视未成年人的心理状态这一基本前提，只有这样，才能有效保障未成年人教育工

作和未成年人家长指导工作的正常进展。

### 二、有利于加强未成年人的交流合作

近些年，我国众多学者已经从意识层面逐渐建立起了对先进阅读理念、阅读服务和阅读推广方式的关注度，并且在理论研究、推介活动方面进行了广泛应用和深度实践。

作为人类文明发展的必然产物，早在 16—18 世纪，图书馆就已经在欧洲各个国家得到了一定发展，而这也标志着近代图书馆学开始形成。到了 19—20 世纪，图书馆事业的发展逐渐呈现出规模化、类型化、服务范围扩大化的特征，同样是在这一阶段，图书馆服务范畴新增了未成年人阅读。一批先进的阅读服务理念和方法（如早期阅读教育、分级阅读等）开始出现，并在全球范围内组织了大量阅读推广活动，这为我国图书馆服务工作的完善与发展提供了很多值得借鉴的优秀经验。

### 三、有利于丰富未成年人的知识获取

作为推动未成年人成长的"第二课堂"，图书馆的教育方式更加强调自觉和自愿。每位阅读者都可以享受图书馆的免费开放服务，也可以以自己的兴趣爱好和现有认知水平为基础，有针对性地选择使用图书馆的信息资源。图书馆未成年人服务工作具有明显的公益性，它充分尊重每个到馆读者的阅读需求和图书资源选择自由，确保每位阅读者知识获取方面的平等地位，并积极引导未成年人对科学文化知识的自主探索能力。

## 第二节　图书馆未成年人阅读推广活动的开展

图书馆开展未成年人阅读推广活动最主要的目的是激发未成年人在读书方面的兴趣，只有有了兴趣，读书才能有动力，只有在产生兴趣之后，未成年人才能由被动阅读转变成内在的自发阅读。换句话说，图书馆开展未成年人阅读推广活动是为了让读书融入未成年人的生活，启迪他们的心灵，让他们感受到

阅读的快乐、阅读的魅力，通过阅读助力未成年人的人生发展。想要实现这一目的，要求图书馆阅读推广人在推广活动的过程当中使用科学合理的推广方法，有针对性地向未成年人开展推广活动。

## 一、图书馆未成年人阅读推广活动开展的方式

### （一）根据馆藏资源开展活动

#### 1. 新书推荐

这种形式是图书馆普遍使用的形式之一，向读者推荐新书主要是为了将图书馆最新的馆藏文献信息传递给读者，如果读者有阅读的需求，可以及时进行选择。通常情况下，图书馆会在新书宣传栏区域宣传新书，也会在图书馆专门设置新书书架，此外，还会举办专门的新书推荐活动。在图书馆领域引入信息技术后，图书馆有了更多样的形式向读者推荐最新的书籍，使书籍推荐更加方便、快捷，更符合读者的信息获取需求。例如，可以在图书馆的官方网站、微信公众号上，也可以在图书馆的滚动屏幕、电子借阅机器上面进行宣传。

#### 2. 书目推荐

除了新书推荐外，图书馆也会使用书目推荐的方式向读者推荐图书馆当中的书籍。书目推荐的优点是读者能够直接看到作者、简介、出版社等基本信息及它在图书馆当中具体位置、它的检索书号等内容，这些内容能够让未成年人或未成年人的家长更好地选择他们所需的图书，极大提高了图书的使用率。通常情况下，制作出来的推荐书单会放在宣传架中，读者可以自由取用。除此之外，在一些图书馆举办的大型活动中，图书馆也会免费发放书单。为了读者更便利地获取书单内容，图书馆也会在相关网站上发布书单。

#### 3. 馆员推荐

图书馆的工作人员是书目的推荐者。图书馆本身属于社会教育领域，图书馆的工作人员，特别是少年儿童图书馆的工作人员，他们对图书馆的文献有非常详细的了解，也非常熟悉未成年人的需求、阅读的特点，他们在指导未成年人阅读方面有非常丰富的经验，此外，他们还学习了儿童心理学理论、文学理论、教育学理论。在这样的理论指导下，再辅助他们的实践经验，针对未成年人开展一系列推荐活动。他们的推荐非常富有感染力，未成年人在他们的推荐下能够极大提高阅读兴趣，掌握更多的阅读技巧，阅读水平也得到相应提高。

**（二）图书馆与学校联合开展活动**

图书馆和中小学共同组织开展阅读促进活动，对促进推广未成年人阅读十分有益。近些年，学校教育有了新的教育理念，许多学校陆续采取了各类激发学生阅读兴趣的举措，比如，建立爱心图书角和举办好书大家看、图书漂流和捐赠图书等一系列推广阅读的活动。短期来看，这些举措在适应学生阅读需求层面发挥了一定作用，取得了一定效果。作为学校教育的补充，图书馆的丰富馆藏资源有效拓宽了学校教育的知识面，专业的图书馆馆员团队能够对学生合理使用馆藏资源发挥引导作用，从而辅助学生完成阅读任务，有效改善学生的阅读现状，培养学生的终身学习能力。

除此之外，对于图书馆而言，也可以以其多样化、多层次的馆藏资源吸引一批忠实读者，一方面有效改善图书馆的图书资源利用现状，实现图书馆的价值发挥；另一方面打造图书馆积极承担社会责任的正面形象，从而提升图书馆的知名度和社会好感度，以实现图书馆的更好发展。所以，整体上来看，图书馆强化与各学校之间的深度合作是实现资源配置、共享和优化的重要手段。

在未成年人阅读推广方面，图书馆和学校承担着共同的责任，二者之间的强强联合在推广质量和推广效率方面可以起到"1+1 > 2"的效果。具体来讲，二者的联合推广主要表现为馆藏资源共享、联合开展丰富多彩的阅读促进活动以及加大社会实践活动的组织力度三种。

1. 馆藏资源共享

（1）开通图书资源流通服务。对于图书馆，尤其是少年儿童图书馆而言，在近些年享受到了国家较大力度的政策支持和财政支持，以城乡为覆盖面的少年儿童图书馆服务体系的建构提上了国家日程。在规划当地国民经济和社会事业发展时，相关部门也将少年儿童图书馆的建设纳入范畴，进而实现公共文化服务体系建立和健全、公益性文化事业进一步发展的目标。但是，不可否认这一目标实现所体现出的长期性、艰巨性的基本特征。对比图书馆的数量和分布情况，不难发现，很多未成年人被拦截在图书馆和阅读门外，主要原因在于学校与图书馆之间的远距离和交通不便利。尽管，大城市的社区和街道已经为未成年人借阅图书设立了自助借还机，但仍旧无法与未成年人强烈的阅读需求相适应，这使图书馆服务理念的转变（由被动转变为主动）、工作方法创新及建立学校图书流通站显现出了客观必然性。具体来讲，在学校设立图书流通站既有利于提高图书质量，又可以通过培养未成年人阅读兴趣推动提升阅读质量。同时，为了确保图书流通站抛开形式主义、真正落到实处，就需要图书馆馆员履行以下职责：①保障图书定期更换频率。这一职责的履行是为了确保图书的时代性、与热点图书的同步性及与未成年人阅读需求和阅读兴趣的契合度；②进一步强化与学校教师的沟通，只有这样才能更精准地把握学校的教育情况、教育需求，从而确保图书选购的针对性；③进一步强化与未成年人的互动，只有建立在与未成年人零距离接触和百分百倾听的基础之上，才能确保图书选购能够满足未成年人的个性化阅读需求。

（2）参与教师寒暑假阅读书目的制定，这是因为，就对学生阅读层次和阅读需求的了解程度来讲，学校教师居主要地位，就对馆藏资源的熟悉程度来讲，第一人选非图书馆馆员莫属。因此，二者建立积极有效沟通、互助合作的关系，可以在制定学生寒暑假阅读书目的过程中，实现阅读活动有效和深度的推广。特别是在寒暑假期间，学生需要完成教师制订的阅读书目计划，倘若图书馆没有事先与学校教师相互配合、达成一致，就可能导致学生无法在图书馆获得所需书籍，进而影响寒暑假学习任务的完成。而为了有效避免这种服务脱节的现象，就需要图书馆馆员与教师达成通力合作关系，在此基础之上完成学生寒暑假阅读书目的制定，甚至是在图书馆设立学生专用寒暑假读书计划专架，便利学生获取所需书籍。

2. 联合开展丰富多彩的阅读促进活动

作为开展未成年阅读推广的有效途径，由图书馆和学校共同举办的多样化的阅读促进活动对于未成年人健康成长和其智慧与潜能的发掘，以及未成年人综合素质的提升有重要的促进作用。这些阅读促进活动的呈现形式可以包括征文、演讲、音乐、美术、摄影、游戏、舞蹈等多种样式，多样化的组织形式、趣味性的活动内容（如世界读书日举办的演讲比赛、绘画书法比赛、摄影比赛、国学经典朗诵、科技展览等），可以有效激发未成年人的兴趣，对未成年人具有较强的吸引力。从实践操作层面来讲，可以"走出去""请进来"两种方法齐头并进。所谓"走出去"就是要让图书馆真正深入到校园中，真正实现阅读促进活动由图书馆馆员与学校教师共同参与策划和执行，通过这种方法，进一步丰富与完善校园文化生活，也会进一步增强学生对阅读活动的参与感；所谓"请进来"就是说要进一步加强图书馆馆员与学校教师之间的互动沟通，在学校教师的带领下，学生主动参与活动。这种方法为学生亲近图书馆、熟悉图书馆提供了极大的空间和自由度，可以在潜移默化中培养学生的图书馆阅读兴趣。

3. 加大社会实践活动的组织力度

社会实践活动可以极大地丰富学生的寒暑假生活，而图书馆在组织和开展学生社会实践活动中可以有效发挥其平台搭建者的角色作用。具体来讲，图书馆可以邀请学生担任图书馆的寒暑假志愿服务者，为学生提供一个熟悉图书馆馆藏结构、提升有效利用图书馆资源体系和自身综合素养的平台。

**（三）图书馆与社区联合共同开展活动**

服务型社区作为当今社区建设的主要方向，要求社区服务中心在开展社区服务时始终践行"情系社区，服务万家"的基本理念，以有效改善社区居民的生活环境为目标，为居民提供所需社区服务，帮助社区居民建立和谐的邻里关系，使生活矛盾得到有效调节。与此同时，它们还承担着为中小学生校外活动、公益活动提供志愿服务、文化娱乐服务等职责，以及温暖社区服务建设的重要责任。因此，图书馆与社区之间需要建立起联系紧密的合作关系，优势互补、资源共享，共同促进未成年人阅读的推广。同时，使社区服务中小学生活动的质量显著提升，也真正发挥图书馆的图书利用价值。

具体来讲，二者推广未成年人阅读的联合实现途径主要包括：建立社区图书流通站，未成年人应社区工作人员之邀到馆参观学习，并为社区未成年人阅读促进活动发挥必要的辅助作用。

（1）建立社区图书流通站。社区的存在，为放学后无人接送的小学生提供了安全的学习和课后作业的空间。之所以会出现这种情况，主要在于小学生放学时间与家长下班时间的错位，小学生一个人在家必然会引起家长的担心，因此，社区学习成为一个绝佳选择。在社区里，孩子们的校外生活和学习辅导主要由社区工作人员负责，这一点对流动儿童较为集中的学校尤为重要。但社区生活也存在着单调乏味等问题，孩子们的日常只有写作业和嬉戏打闹，这就使图书馆与社区之间建立合作关系十分必要。社区图书流通站的建立，不仅使小学生的生活更丰富多彩，也为小学生阅读需求的满足提供了极大的便利。

（2）未成年人应社区工作人员之邀到馆参观学习。作为推广和宣传图书馆的好方法之一，未成年人，尤其是距离图书馆较远的未成年人应图书馆工作人员之邀到馆参观学习可以有效改善因父母过于忙碌无暇顾及孩子的图书阅读，以及因自身年龄小，孤身前往图书馆阅读的潜在风险。与此同时，社区工作人员就应当积极承担对未成年人的社会责任，带领其安全前往图书馆开展课外阅读活动，可以在熟悉图书馆的同时引导未成年人养成阅读兴趣和良好的阅读习惯。

（3）为社区未成年人阅读促进活动发挥必要的辅助作用。对于使未成年人的生活更加丰富和多样化而言，在不断扩展和深化社区服务的背景下，社区工作人员组织举办的未成年人节假日文化娱乐活动发挥了重要作用。但是，对于阅读推广活动进社区的实现而言，必须依靠专业的图书馆馆员的作用发挥，作为专业的阅读推广人，与社区工作人员联合组织各种多样化、趣味性的阅读促进活动，可以极大地便利未成年人享受图书馆馆员的专业文化服务，与此同时，也起到了图书馆的宣传扩大化的作用。因此，这种既满足未成年人阅读需求，又宣传图书馆的方法成为未成年人阅读推广的重要途径。

### （四）图书馆与社会教育机构联合共同开展活动

图书馆联合社会教育机构，主要通过共同举办多样化的阅读促进活动来实现共同推广未成年人阅读的目的。

社会教育机构的创办者多为一些有理想、有才能、有魄力、创新型的有志人才，特别是得益于国家政策向大学生创业支持政策的偏移，一批由优秀大学毕业生创办的未成年人教育机构如雨后春笋般涌现，他们将共同的价值追求、先进的办学理念以及吃苦耐劳的敬业精神和精诚合作的合作精神融入办学过程，希望通过对办学理念、教学方法的扩大化宣传，引导尽可能多的未成年人参与阅读活动的组织，扩大知名度。同时，图书馆要变革观念，以更大的包容度和接纳度来和他们开展合作，共同推动未成年人阅读推广活动的举办，并给予未成年人以丰富的情感和心理体验，进一步提升阅读促进活动的多样性，为阅读活动注入更多鲜活的元素和能量。此外，吸收其他元素的优势，共同促进、共同进步，从而唤醒未成年人热爱图书馆、利用图书馆的热情，与此同时，也搭建了一个平等开放的平台，便于图书馆馆员和社会教育机构老师互相交流，优势互补，共同进步，共同提升教育水平，改善未成年人的阅读现状。

## 二、图书馆未成年人阅读推广活动的策划

策划是一种战略和规划，确定主题后，围绕这个主题展开。在知识经济时代，策划是一种智慧的结晶，体现了策划者的创造性思维和理性思维。目前，策划在不同的行业领域中被广泛使用，在不同的行业中对策划的定义也各有不同。在图书馆未成年阅读推广活动中，这一活动策划通常意味着：在具体活动实施之初，主办方在调查分析相关材料的基础上，根据活动目的，按照一定步骤，制订系统、全面、合理和可操作的行动计划的过程。

### （一）图书馆未成年人阅读推广活动策划的过程

在深化全民阅读活动的过程中，图书馆扮演着重要角色，在围绕未成年人阅读策划活动时，要贴合推广主题，深入研究读者的阅读心理、阅读喜好、阅读技巧等内容，根据实际情况，系统、全面地规划各项阅读推广活动，推广活动要做到科学、理性、务实、创新、有时效性、有激励性，要让阅读推广活动在未成年人群体中产生影响力。图书馆开展阅读推广活动，激发未成年人参与度，鼓励未成年人走进图书馆来阅读图书，激发他们的阅读兴趣。同时，也提升图书馆的社会影响力。图书馆的普及将让阅读推广活动变得更普及、更有知名度，吸引到更多未成年人参与，也进一步推动了全民阅读的发展，为社会营造一个良好的读书氛围。

为了达到阅读推广活动的目的，图书馆的工作人员首先要策划一个活动项目，策划阶段主要包括以下步骤。

1. 组建未成年人阅读推广策划团队

优秀的推广策划团队是推广策划活动成功的基础和前提，团队的成员要符合团队招聘人员的标准，如果想成为未成年人阅读推广策划团队的成员，则必须符合以下条件：

第一，对于图书馆事业有热爱之心，服务意识强，有担当和责任感，对工作抱有极大的热情，愿意为未成年人阅读活动奉献出自己的力量。心中不仅有青少年儿童，还要有教育，有国家，有民族。

第二，人际交往能力强，了解与未成年人沟通的技巧，语言表达能力突出，能够了解未成年人的需求并能够和他们友好沟通，可以耐心地听未成年人的声音。除此之外，与自己团队的成员也能和睦相处，一起进步。

第三,需要具有创新意识,有创新能力,能够跟紧时代脚步,有持续学习的心。在工作过程中,能够识别图书馆在所处时期的发展趋势,懂得变通,适应能力强。在实践过程中能够将理论知识与之结合,设计出完整有新意的活动策划方案,吸引未成年人的注意力,使他们乐于参加阅读推广活动。

第四,观察和分析问题的能力要强,阅读推广活动要能够捕捉未成年人的阅读需求,寻找创新灵感推动阅读活动的发展,并定期总结分析每项活动,确定活动的优劣势,持续改进,根据反馈内容优化活动内容和形式,让阅读推广活动丰富多彩。

第五,学科知识丰富,工作人员不仅要了解图书馆相关专业知识、了解图书馆的藏书信息,还要了解并遵循儿童教育、心理学等方面的知识。在工作过程中,工作人员能够根据未成年人的特征为未成年人制定促进阅读活动的方案。

2. 调查分析目标读者的需求

为了在阅读推广活动中实现阅读推广活动的目的,达到预期目标,在进行策划前,需要摸清楚读者的阅读需求。不仅如此,需要研究和分析的读者范围很广,不仅是未成年人,还有从事教育的人和监督的人,如老师和家长等人的需求。由于未成年人在年幼时无法充分表达自己的意愿,为了充分了解未成年人的阅读需求,需要尽可能地收集直接信息,加强与未成年人教育相关的每个环节人员的沟通,共同研究、探讨,然后总结分析未成年人对阅读的爱好与需求,从而制定贴合未成年人的阅读推广活动。

研究分析方法主要包括问卷调查、在线互动平台、讨论会、行动计划征集等各种方式。在了解宣传计划后,通过这些渠道搜集读者对阅读活动的意见和建议,为切实可行的计划的制订奠定良好基础。例如,很多图书馆偶尔会在图书馆举办读者研讨会,或通过让读者填写调查问卷来倾听读者的声音,了解读者的阅读需求。在多方协作努力下,更有效地让阅读推广活动落实,科学评价图书馆服务和儿童阅读推广活动,将阅读推广活动过程中的优势及不足之处都总结出来,保持活动优势,改进活动的短板,提高未成年人阅读的热情,持续优化的活动可以取得很好的效果。

3. 确定未成年人阅读推广活动主题

未成年人在进行阅读推广等活动时,确定主题是活动策划过程中最重要的步骤,若活动主题鲜明新颖、意义深刻,那么便可以高度概括活动内容,不仅指明活动方向，确定中心内容，同时也让人有发现新鲜事物的感觉，提高了未成年人的注重度，同时也唤起了他们的好奇心，使其对活动充满了期待，未来更加渴望尝试。

关于活动主题的制定方式有：依节日内容而定；依社会热点而定；依日常情况而定；根据多元、全面的衍生服务内容来确定；强化合作的理念，寻找合作伙伴，协同进行活动主题的确定工作。

第一，根据节日情况确定主题。将活动的主要内容与节日的内涵进行结合，既保留了浓厚的节日气氛，同时也丰富了未成年人的文化生活，又可以鼓励他们热爱文化、积极生活。例如，母亲节、父亲节、教师节、劳动节、国庆节等。在各种节日的氛围下，应该选择相应的活动主题，主题内容应与节日的意义紧密相连，这样才能充分体现节日的特色。例如，"六一"儿童节是儿童的节日，因此，主题应突出歌唱与跳舞等内容，形成热闹的氛围，也可以与才艺的展示联系，组织"庆祝六一才艺秀""欢乐六一，儿童的节日"等艺术节目；同样，"母亲节"是母亲的节日，应通过这个节日向未成年人传达母亲的情怀，体会母亲的辛劳，为伟大的母亲送上祝福，同时也要将我国的传统美德——真善美的教育，融入活动的主题中，依据母亲节特殊意义来制定主题，如以"温暖五月，重温母亲的爱"为主题的贺卡制作大赛，在孩子们自己动手制作贺卡的过程中，将浓浓的爱倾注活动中，使节日的意义与主题高度结合。

第二，根据社会的热点话题确定主题。以图书馆为场地，组织未成年人进行阅读活动时，要跟上时代步伐，应重视未成年人的全面发展，将教育、阅读、社会热点这些内容融合在一起，传递给未成年人，进而拓宽他们的视野和知识面，提升逻辑能力及处理问题的能力。例如，一些国学经典流传多年，受到广大人民喜爱，特别是近几年，在全国范围内掀起了"国学热"，使国学上升到了一个新的高点，从两三岁的孩子到八十岁的老人，都秉承着国学的经典与永恒。读国学、国学经典演讲、国学研究会等，各式各样的以国学为主题的活动，呈欣欣向荣的大好态势，在全国氛围内不断开展，形成了社会的热点话题，因此，许多图书馆也进行了各种各样的推广传播国学的活动。同时，一些著名的国学专家也应邀来到图书馆，还有一些舞台式的大规模的国学诵读活动，目的都是传承国学知识、弘扬国学的经典，使更多的人接触到国学。一些图书馆还组织未成年人学习中国的各种传统文化。

第三，根据日常活动确定活动主题。也就是说，可以在图书馆进行有规律、经常化、持续性的未成年人阅读活动，此类活动，其主题应依据未成年人的实际情况，同时兼顾时间和季节等特点来确定。图书馆所面临的未成年人的年龄覆盖面广，因此，在确定此类活动的主题时，要注重统筹原则的运用，不但要符合未成年人的需求，而且要满足他们的个性化发展，并兼顾时间、季节的因素，努力让所有的未成年人，都可以进行才艺展示，并得到锻炼与提升自我的机会。结合年龄、个性发展来开展活动，可以是艺术、故事、百科问答、手工活动等各种形式，并确定活动的主题。通过这种方式，不但兼顾了每个未成年人的个性发展需求，同时，也使内容更加有趣生动，使阅读活动永远充满吸引力。

第四，根据多元、全面的衍生服务内容来确定主题。在馆内开展讲座、参观及展览等多层次、全方位的衍生服务。此类活动与馆内组织的活动是不同的，其活动的规模较大，参与的人较多，影响力也较大。因此，确定此类活动的主题、布置的细节，均应合理、科学，确保活动可以有序进行。

第五，强化合作的理念，寻找合作伙伴，协同制定主题。图书馆及社会各界共同推进未成年人的阅读活动是一种义务，因此，图书馆应寻求合适的合作者，类似学校、幼儿园等一些教育机构，可以实施多方协作的方式，强化与合作伙伴的沟通作用，调动资源与技能，协同探寻活动的方案，进而确定主题。

4. 制订活动详细计划并落实活动责任

周密的活动计划是推广未成年人阅读活动的基本保障。因此，为了实现阅读活动的目标，首先应保证阅读活动可以有序、合理进行，活动计划的内容应是系统、可行的。内容中应呈现涵盖相关主题、活动内容、进行时间、地点环境情况、参加对象、奖品奖励等，特别是举办一些大型的推广活动，应做好音效、灯光等工作，以体现活动的盛大，提升其在公众中的影响力。

活动计划制订完毕后，活动工作者应统筹安排，掌握好活动涉及的各项内容与步骤，有效与其他团队成员交流，协助其他成员全面了解活动，并细化计划内容，将活动中的工作进行分工安排，同时，进一步细化落实责任。

5. 活动宣传与活动实施

活动的成功与否，最关键的步骤是宣传，宣传渠道有本馆的网站、微信平台、QQ 平台、微博、媒体等各种各样的渠道，宣传过程中应大力宣传活动主题、活动方式、时间安排、地点环境、参与对象、评选奖励等内容，努力提升活动的知名度与影响力，唤起未成年参与活动的情绪，扩大其参与活动的范围，营造图书馆的品牌意识。

活动的具体实施，便是实现组织更多的未成年人参与活动。工作人员应依据分工情况，配合活动需要，公开活动的规则与要求，发放相关的活动材料，同时制定评奖、颁奖活动的程序。

6. 撰写活动报道

撰写活动报道，可以有效体现图书馆的精神理念、提高知名度、激发工作人员信心、增强馆员凝聚力，同时，也有助于社会大众掌握图书馆的情况，提升了公众对图书馆的关注程度，也实现了推广项目、展示成果、推广体验、激发参与、树立品牌等目的，引导更多的未成年人加入到图书馆的阅读活动中来，借助活动,提高未成年人的阅读能力,促进图书馆的发展。此外,利用撰写的报告,提升了相关工作的透明程度,也向上一级汇报了未成年人的阅读情况,并使领导及时掌握活动时出现的创新经历,通过探究活动的详细情况,可以为下一步的活动提供指导。

**（二）图书馆未成年人阅读推广活动策划的评估**

未成年人的阅读活动，是图书馆长期以来的重点工作之一，也是系统性的工程建设。每次阅读活动举办后，都应对此次活动的目标、模式、效益等，进行合理的研究、总结与反馈。然而，反馈与总结不可以只是简单的领导以及员工之间的评价。未成年人是最终的推广活动的主要人物，所有推广活动都以青少年为主，并应完全依据他们的生理与心理发展的特点来制定活动细则，所以，未成年人应是反馈与评价的主体人物，未成年人的感受与经验是阅读推广应重点考虑的。此外，父母是最关注未成年人成长的人，因此，有必要开展针对其父母的研究，总结家长们的建议，同时，据此分析活动成功或失败的原因，为今后更全面地开展类似的活动起到指导性的作用。一般的研究方式有论坛、问卷、面谈等。

评估图书馆举办未成年人阅读活动的标准有很多，主要有以下几个方面。

第一，未成年人参与活动的具体人数。从未成年人参加推广活动的人数中，可以大致确定活动举办得是否成功。若有大量未成年人参与该活动，则表明他们对该活动非常感兴趣。相反地，若参与人数非常少，则说明未成年人对这项活动没有兴趣，活动不吸引人，单调且无味，应继续完善活动内容，使推广活动更为有趣生动，进而吸引未成年人。

第二，未成年人是否积极主动参与活动。负责活动推广的工作人员，在活动进行过程中，应积极鼓励未成年人以自己的实际情感、经历和思想，自觉地参与活动，具有较高的主动性与积极性，标志着活动是符合广大的未成年人群的。相反，若活动并不是未成年人主动参加的，那么，说明活动并没有从未成年人的个性与兴趣出发，这样的阅读活动是没有意义的，反而会让未成年人更加抵触图书馆活动，推广阅读的目的也不能实现。因此，在进行此类活动时，未成年人主动、积极的态度是衡量活动是否成功的重点。

第三，参加阅读活动之后，未成年人是否更具有自信。组织未成年人在参加阅读活动的过程中，应秉承鼓励原则，负责推广的工作人员应每时每刻关注未成年人的活动情况，善于发现优点，并进行表扬、支持，让所有的未成年人都可以在阅读的活动中积极自主表达自我，抒发情感。尤其是未成年人如果在活动过程中更加活泼、大胆、善于表达，这便体现出未成年人的自信心在逐步提升，已经逐渐爱上了图书馆。

第四，未成年人在阅读活动中的互动情况。现代教育实践表明，传统意义下的培训、说教、灌输等填鸭式的教育方式，已不适宜如今多样化和创新的社会，教育也不是单纯让学生得到知识、信息资源，而是教给他们如何辨别事物，使未成年人能够积极探索、学习与研究。所以说，教育是彼此互动的关系，向未成年人进行阅读推广时，要关注交互程度，若他们没有热情参与活动，在活动完成之后，也没有进行积极互动，也没有与工作人员阅读互动，那么，则要进一步激发未成年人的活动热情，鼓励他们不断创新、沟通，活动的同时感受其中的乐趣。

第五，阅读活动结束之后，是否得到家长认同。在热爱阅读的家庭中，孩子也一定热爱阅读。显示了父母对孩子的影响至关重要，父母的文化素养、三观，将直接影响着孩子发展，读书活动若得到父母的认同，说明活动是成功的，今后在父母与阅读推广负责人的协同努力下，会使未成年人彻底爱上阅读。家长是否支持阅读活动也是检验阅读活动是否成功的因素之一。

第六，阅读活动有没有真正地实现对未成年人阅读的促进作用。平时的生活中，我们只要注意一下便会发现，曾经参加过图书活动的未成年人，他们会将这一活动习惯贯彻到平时的生活与学习中，变成生活中不可缺少的一部分。

与此同时，若有活动的机会，他们会阅读其最爱的书本，进而提升阅读量，达到明显的阅读效果；若相反，则说明阅读的活动目的没有达标，需进一步改进与优化活动程序。此类阅读活动，不但要促进未成年人的阅读习惯，同时，也应带动家长养成阅读习惯，特别是一些婴幼儿及学龄前的儿童没有独自阅读的能力，应让家长通过组织家庭阅读来完成，从而也可以更深刻地体会到亲子阅读的意义，带领更多父母加入这一队伍。未成年人的阅读活动效果，不仅要看是否引起他们的兴趣，还要看是否带动了亲子阅读，阅读量是否增加，这也是未成年人阅读活动的终极目标。

## 第三节　图书馆未成年人数字阅读推广工作创新

数字时代的发展推动了阅读的发展和转变，未成年人是数字阅读的重要群体，因而，对数字视野下未成年人阅读推广进行分析具有重要意义。

### 一、未成年人数字阅读推广服务的新特征

#### （一）阅读生态环境兼容并包

随着网络科学技术的迅速崛起，原始出版方式向数字化的出版方式转化，这使数字媒介的产品蕴含的内容越来越丰富，读者的阅读方式会因为网络科学技术的改革而产生变化，更多地依靠数字阅读，而减少文本阅读。此外，智能手机、IPAD、Kindle 这些设备的不断更新换代，使用者的数量也迅速增加。原始的数字出版模式注重承载的形式的研发却将内部的开发抛在一边，顾此失彼，而与动画类元素、游戏类元素的融合，就打破了这个局面，有利于数字阅读过程中读者之间的互动，也提升了立体感。人们逐渐重视互联网的作用，利用互联网服务大众，这使得数字阅读的方式更加多样化，可以接纳的空间逐渐扩大，与媒体合作及阅读内容的可视化，这些都让读者在进行阅读活动时，有独自享受阅读的感觉。这些都使得数字化阅读方式摆脱了原始的阅读而向智慧化的方向发展，数字化的阅读生态更加开放包容。

### （二）数字阅读参与人员的多样化

随着网络技术的迅速崛起，数字化的出版方式逐渐占据了市场，这一领域的用户呈垂直分布，用户急切渴求数字资源产品，使各方的利益追求者对数字资源及相关的服务进行了一系列重组和规划，在服务方式上，从以往的线下服务逐步转战到从线上向读者提供服务；在服务范围上，逐渐从大范围深入到小范围，进行针对性的、精确性的推广。其他相关的参与人员如图书馆、阅读者、供应商等纷纷参与数字阅读的推广过程中，发挥各自优势。这个过程以图书馆为中心，展开了各种各样不同形式的阅读推广行动，有助于促进更多主体参与，同时，还可以适当引流，控制用户的黏性聚合。

### （三）数字阅读推广形式协同化

移动互联网技术的革新是数字化阅读成为主流的直接原因，越来越多的人重视数字阅读并对其加以运用，数字阅读资源的广泛利用，促使社会图书馆迅速发展。通过转变行政机关职能，政府不再拥有控制图书馆的大权，这种管理权逐渐转向社会各方力量。他们凭借自身长处，积极参加各种资源管理建设，以及服务用户的活动。图书馆、利益相关方及用户的共同协作，创造了一个公正、全方位、人人都能参与的阅读氛围，促使读者养成数字阅读习惯，并在发展过程中不断寻找缺点、改正缺点。

## 二、图书馆未成年人数字阅读推广服务的策略

### （一）注重数字资源建设，建立分级阅读服务

只有重视数字资源建设，才能保障图书馆向未成年用户推广数字化阅读方式并进一步发展。不同于成年人的数字推广工作，未成年人的数字推广工作较为困难。由于未成年人用户尚不成熟，导致阅读资源冗杂、形式多样，无法保证阅读资源的质量，且阅读选择过程中的困难倍增。这就要求图书馆加强数字化阅读建设，特别是要满足少儿读书的需要，加强数字资源的建设。

图书馆要充分了解未成年人用户的真正需求，并以此为依据设计出一份适合未成年人数字阅读推广工作的方案和措施，形成以文本为中心，以音视频、编程互动等为辅的实施方案，推广与未成年人用户的心智相符合的一些资源和网址，按照不同科目、数据库，通过字母排序进行规范化整理。搜索方式的多样化，能够大大提高用户搜索资源效率，从而提升资源的利用率。除此之外，

图书馆要重视少儿成长的规律，建立分级阅读服务，与社会各方力量如学校、家庭、机构共同协作，对处于各种年纪的未成年人给予分级指导服务，并在这个过程中根据未成年人需要，推广分级阅读，帮助养成数字阅读习惯，从而提高图书馆数字阅读推广工作的指向性和专业性。

**（二）加大数字阅读与教育培训，提升儿童数字信息素养**

数字阅读方式逐渐取代传统的阅读方式，成为社会阅读方式的主流，因此，图书馆要从战略发展的角度，全面布局、统筹规划数字阅读与教育培训，加强儿童素质信息素养的培养。

第一，可以学习国内和国外一些图书馆数字阅读推广时的优秀做法，善于运用一些社交媒体（如常用的微信、腾讯、微博及各种视频软件）进行推广，增加线上推广的途径，增强社会化媒体中的用户黏性。

第二，要站在其他主体的思维统筹规划角度，把数字阅读资源和教育教学培训结合起来，完善教学答疑解难服务、课后辅导服务、信息素质培育服务、相关考试信息通知的服务等，进而满足未成年人的阅读需求，体现图书馆服务的重要性。

第三，图书馆以未成年用户数字推广活动的发动者和组织者的身份出现，因此，一切都要为未成年用户服务，提高图书馆内工作人员的素质及专业技术的培训，培养他们的三维动画制作、视频编辑等技术，同时积极号召图书馆工作人员参加未成年用户的数字阅读推广服务的探究活动，持续提高他们的数字信息素养。

**（三）建立数字阅读推广平台，创新服务模式**

创新是引领发展的第一动力，是一个民族进步的灵魂，图书馆是一种无偿性的文化服务机关，其中成百上千的图书资源，是促进文化进步的关键和保障，这一目标的实现要依赖全体人员整体阅读水平的提高。随着数字阅读这一文化产业在全球范围内的逐渐推广，用什么有效的方式来宣传和推广数字阅读，是当前社会各界人士应该考虑的问题。

一方面，图书馆致力于建设优质的未成年人数字阅读资源。该过程中不能忽视制定相关图书收藏政策，并根据未成年人用户的阅读需要，统筹、规划、创建数字化阅读资源平台，依靠儿童的性别差异、年龄差异和不同的阅读习惯，把购书、自建与统合加入平台中，对不同年纪、不同水平的儿童制定相对应的阅读服务。

　　另一方面，要充分运用图书馆数字阅读资源，将未成年人数字阅读的各种需要与科学技术的相关元素融合，在一种快乐的学习氛围中培养儿童对数字的兴趣，从而提高未成年人对数字的掌握能力，促进推广未成年人数字化阅读更好、更快发展。

### （四）联合社会力量参与合作，塑造数字阅读推广品牌

　　联合社会力量参与合作，共同致力于图书馆数字阅读服务，有助于发挥各方社会力量在资源、技术等方面的长处，依据一致的奋斗目标和取舍原则，管理服务主体中的一些功能板块，充分发挥各自的优势，统筹优化数字资源配置，达到局部大于整体的效果。受教育教学制度和家庭教育思想的影响，不少学校和家庭对数字阅读的看法不同。针对这一情况，图书馆要联结各方优势，创建个别有助于开发学生潜能、提高信息素养、对未成年学生学习课程有帮助的数字阅读推广品牌，引导学校和家庭正确看待数字阅读推广服务。首先，与一些幼儿园、辅导机构联合，不时地对家庭提供早期教育资源推广服务，通过线上线下互相协调的形式，开展各种各样、可以让父母和孩子一起参加的阅读活动或课外辅导的培训活动，促进家庭改变未成年人数字资源思想。其次，图书馆要多与中学、小学联系，把购买和自建优秀数字资源和中小学正常教学联合起来，有助于增加课堂有趣性、交际性，给予中小学学校和学生资源服务。

　　此外，当技术、平台、内容的建设达到一定程度后，要注重加强与出版社和相关投资商的合作。重视未成年儿童阅读的需求，以此为出发点，通过共建或定期委托的形式，共同组织未成年人数字推广服务活动，在合作中提高各自的专业竞争能力，实现互利共赢。

　　综上所述，随着互联网网络科学技术的迅速崛起，数字化出版方式迅速取代原始出版方式。各种便利设备快速更新换代，越来越多用户抛弃了传统阅读，向"数字读屏"的阅读方式转变。在这样的背景下，图书馆要不断创新数字阅读推广服务的体制机制，建设优秀的儿童数字资源，全面了解用户的需要，进行培训服务，从而提高未成年人和其家长的信息素养培育。另外，应不断完善数字资源及数字阅读推广服务评价平台建设，联合社会力量，全面发挥各方力量在数字化阅读推广服务中的长处，重视不同个体需要的差异性，有效提升图书馆数字阅读推广服务的水准。

# 第六章 志愿者参与图书馆阅读推广工作研究

## 第一节 志愿者参与图书馆阅读推广工作

### 一、图书馆志愿服务的引进

国外志愿服务发展历史悠久,很早便进入图书馆领域。在文化志愿者中,逐渐分离出以图书馆为主要服务平台、以读者为主要服务对象的图书馆志愿者。图书馆志愿者也成为专门的志愿者类型或群体,指那些不以利益、金钱、扬名为目的,志愿为了知识信息的自由、平等、广泛有序传播而参与图书馆服务或活动,并进而奉献社会的个人或团体。随着志愿服务的深入和图书馆功能的扩展,志愿者的服务内容也从图书馆基础服务,包括图书借阅、书库管理、咨询服务等向图书馆延伸服务拓展。

21世纪以来,我国的许多公共图书馆、高校图书馆陆续引进了志愿者服务。而志愿者服务的引入,在图书馆界也产生了较大的反响。上海图书馆、深圳图书馆、重庆图书馆、广州图书馆等图书馆都十分重视志愿者队伍的建设和志愿服务内容的创新,在图书馆志愿服务的探索上取得了一定的成果。图书馆志愿者也在图书馆服务中起到了广泛的作用。图书馆志愿服务不但在弥补工作人员与经费不足、促进图书馆与社会的开放交流、推动图书馆精神传播等方面发挥了作用,而且为志愿者实现自我价值、培养社会责任感搭建了平台,产生了一定的社会效益。

阅读推广服务也逐渐成为志愿者参与图书馆志愿服务的一项重要内容。无论是国外的图书馆志愿服务,还是国内的图书馆志愿服务,阅读推广志愿项目都是其中的一个亮点。我国的图书馆志愿服务发展较晚，但是在积极借鉴国外经验、结合自身情况进行探索的基础上，也出现了很多阅读推广志愿服务的有益尝试，形成了一些宝贵的经验。一方面是专门的阅读推广志愿者队伍的建设，另一方面是图书馆阅读推广志愿服务项目的探索，在儿童阅读推广、全民阅读推广、特殊读者阅读推广等方面都出现了一些经典案例。如苏州图书馆"阅读宝贝计划"阅读推广项目、沈阳图书馆的"星期六剧场"、浙江图书馆的"文澜讲坛"、辽宁图书馆的"对面朗读"项目等，都取得了良好的阅读推广效果，志愿者的参与则是活动取得成功的关键要素之一。

随着信息化时代的发展，图书馆志愿服务也将呈现出新的面貌，迎来新的发展，而在图书馆阅读推广方面，志愿者仍然具有不可替代的价值，志愿者参与图书馆阅读推广依然具有重要意义。

## 二、志愿者参与图书馆阅读推广的意义

### （一）对图书馆的意义

图书馆作为公共文化服务机构，阅读推广是其使命之一。志愿者参与阅读推广为图书馆的阅读推广提供助力，有助于图书馆更好地履行公共服务的职能，更好地完成阅读推广的使命。

第一，传播图书馆精神。图书馆精神既包括信息公平、和谐包容的精神，也包括开放合作与资源共享的精神，图书馆精神和志愿精神也有契合之处。吸收志愿者参与图书馆阅读推广，可以更好地推动全民阅读，促进信息公平的实现，让更多的读者共享图书馆丰富的馆藏资源和服务。而志愿服务与图书馆服务的结合，本身也是合作和资源共享的表现，是图书馆精神的题中应有之义。志愿者在图书馆阅读推广服务中的参与行为是图书馆精神的体现，同时又有助于图书馆精神的传播。

第二，加强阅读推广的队伍建设。在传统的图书馆阅读推广中，馆员承担着全面的阅读推广工作，但是基础服务占用馆员大部分时间，阅读推广面临着馆员数量不足、馆员素质参差不齐等尴尬问题。志愿者为阅读推广服务补充了充足的新鲜血液，具有专业特长的志愿者们组成的阅读推广志愿者队伍成为图书馆阅读推广的大军，为图书馆阅读推广服务的顺利进行提供了条件。

第三，优化阅读推广服务。志愿者的出现为图书馆提供了更多的智力支持，

志愿者可以在图书馆阅读推广活动的策划、组织、开展、评价等各个阶段发挥相应的作用，帮助图书馆优化阅读推广服务。志愿服务与图书馆阅读推广服务的结合，不仅丰富了阅读推广参与人员的背景，大大优化了图书馆工作人员的知识结构，更是服务理念、服务方法、服务内容的融合和创新。来自不同背景、具有相同兴趣和热忱的志愿者能够创造更多的阅读推广形式，提升阅读推广服务的质量。志愿者在参与图书馆阅读推广活动中，也在客观上扩大了图书馆的群众基础，使图书馆的阅读推广活动更易被读者接受，提升阅读推广服务的质量。

第四，促进社会力量共同参与阅读推广。阅读推广是一项复杂的活动，需要多方面的参与，只有更多的社会力量参与进来，更多的社会资源得到合理的整合，阅读推广活动才能获得更大的成功，产生更大的影响。志愿者的参与为其他社会力量的介入提供了可能，可以带动更多的社会力量共同参与阅读推广的实践。

**（二）对志愿者的意义**

志愿者在参与图书馆阅读推广服务中，完成从读者到工作者的角色转变，除了对阅读推广工作的贡献之外，对自身的发展也有重要意义。

第一，自我价值的实现。在阅读推广服务中，志愿者承担了重要角色，运用自己的聪明才智、时间和精力推广阅读，甚至引导和指导读者阅读，既可以收获完成任务的成就感，也是自我情感的实现和对自我价值的肯定。

第二，知识和技能的增长。阅读推广活动对于志愿者的要求较为严格，针对志愿者进行的专业培训以及志愿者本人在参与阅读推广服务中的实践，都有助于增强志愿者的相关技能，帮助志愿者增长新知、扩宽视野，增强解决实际问题的能力。

第三，人际合作能力的提高。阅读推广服务不同于一般的图书馆服务，需要志愿者与读者进行广泛的沟通和持续的接触。阅读推广活动的效果很大程度上取决于志愿者能否与读者深入沟通和交流、有效地传播阅读的理念和方法。通过与读者的互动，志愿者可以显著地提高与人沟通的能力与技巧，而在推广过程中与其他志愿者、馆员、读者的配合与协作也是对志愿者合作能力和团队意识的锻炼。

**（三）对读者的意义**

志愿者兼具读者和图书馆阅读推广服务者的身份，对读者而言具有天然的亲切感。志愿者参与图书馆阅读推广服务，减小了图书馆阅读推广服务与读者的距离感，让读者可以更加轻松地参与其中。

首先，可以减少读者与图书馆之间的隔阂。志愿者的参与改变了传统阅读推广中"有人宣传，无人理会"的局面，分担了馆员的工作量，更多的志愿者参与其中，使馆员有精力也有时间在阅读推广的宣传过程中与读者互动，解答读者的咨询。不同于以往"摆摊式"的阅读推广，志愿者的参与使阅读推广变得更加贴近读者，拉近了与读者之间的距离。

其次，读者的阅读需求可以得到更好的满足。兼具读者身份的志愿者，对于读者的需求有更直观、更切身的感受，在设计活动、开展活动时能够充分考虑读者的需要，在面对读者的反馈时也能够形成更加合理的认同，增强了读者在阅读推广中的获得感和体验感。

总之，图书馆的阅读推广需要志愿者的参与，志愿者的参与不仅能够改善图书馆的阅读推广服务现状，为读者提供更加人性化的服务，也能够拓展阅读推广服务的内容和形式，帮助图书馆更好地开展社会阅读活动，改善国民阅读状况，提升社会阅读风气。

# 第二节　图书馆志愿者组织与图书馆志愿服务

## 一、图书馆志愿者工作（服务）的内容

图书馆志愿者的工作（服务）内容是基于图书馆的基本业务和延伸服务展开的，分别为常规服务和延伸服务。

### （一）常规服务

常规服务主要是协助图书馆员完成图书馆日常工作，主要包括读者咨询导航服务、图书整理、图书馆宣传推广及大型活动的支持等工作。在提供常规服务的过程中，志愿者更多扮演的是一种义务馆员的角色，协助图书馆更好地发挥其功能。

1. 读者咨询导航服务

图书馆志愿者在图书馆读者咨询台或咨询点、服务大厅、借还书处、参考咨询部门及阅览室等公共区域解答读者基本咨询，引导和协助读者使用查询机，为读者提供计算机使用、网络查询及数据库检索等指导服务，协助读者解决资料检索上的问题，引导读者文明读书等。

2. 图书整理服务

图书整理服务主要包括新书加工处理、修补图书、图书上架整架等图书流通基本工作。①新书加工处理，在采编部门进行图书验收、登录建档、粘贴书标、图书加工；②修补图书，修补破损图书与书标；③图书上架整架，在总借还台预约书架整理，将归还的书刊进行分类并排架，书架整理还原等。

3. 活动支持服务

活动支持服务是指志愿者协助图书馆开展讲座、展览、读者培训、社会教育等活动。志愿者负责协助图书馆开展会务或展览的筹备、策划、接待、讲解、翻译或主持等工作。其中也包括读者培训活动，如为读者介绍便利的计算机应用工具和使用方法等知识也需要志愿者的协助和支持。

4. 阅读推广服务

阅读推广服务以多种形式向社会公众推介图书馆服务，传播图书馆文化和扩大图书馆影响往往也需要志愿者的参与。图书馆借助志愿者开展阅读推广活动，挖掘图书馆的潜在读者，帮助图书馆充分发挥其文化枢纽的功能，推进全民阅读，助力阅读型社会的建设。

**（二）延伸服务**

随着现代图书馆的发展，图书馆志愿者以常规服务为基础，也积极参与图书馆的延伸服务，甚至形成一些由图书馆志愿者为主导的特色服务项目。

1. 知识辅导服务

志愿者为青少年等特定群体提供免费的知识辅导，丰富图书馆文化的内涵，拓展图书馆功能区间。例如，美国西雅图公共图书馆的"家庭作业帮助者"计划，为青少年提供免费的作业辅导；纽约图书馆的"创新实验室"项目，营造轻松的学习环境，借助先进的多媒体电子设备辅助教学，帮助孩子们获得21世纪的必备技能，获得技能提升和自我身份认同等。

2. 外语志愿者服务

图书馆志愿者协助图书馆为读者提供免费的语言交流和学习平台。例如，美国西雅图图书馆的西班牙语学习强化项目、我国国内很多大型图书馆开展的"英语角"系列活动。

3. 图书馆在线服务

比如，志愿者为读者提供网上咨询服务，在线回答读者咨询。又如"虚拟图书馆志愿者"，工作内容包括：测试图书馆主页、数据库、下拉菜单的可用性及图书馆与社区信息库的链接是否有效等。当发现问题后，他们以电子邮件的形式通知图书馆处理，这样可以有效提升图书馆的线上服务质量，优化读者使用图书馆数字资源的体验。再如，具有相当专业背景的志愿者进行数据制作及整理，协助进行图书馆纸质文献的数字化、数据库的建设等。

图书馆志愿者的服务内容，因各个图书馆的优势和相关读者的需求而有所不同，除了以上列举的服务类型之外，还有其他多种多样具有特色的志愿服务活动。图书馆志愿者在这些志愿服务中扮演了主要角色，承担了重要职责。

## 二、图书馆服务与志愿服务的结合

### （一）图书馆服务与志愿服务本质上相契合

图书馆服务作为公共文化服务的一种，与志愿服务，特别是文化志愿服务有很多相似的地方，二者的精神内涵，即图书馆精神与志愿服务精神也有强烈的共鸣。可以说，图书馆在公共文化服务方面发挥着举足轻重的支点作用，文化志愿服务则是公共文化服务体系建设的一项重要内容，二者在本质上存在天然的共性。

首先，文化志愿服务与图书馆服务在性质上有诸多相似之处。一方面，文化志愿服务与图书馆服务在服务方式和手段上都是以提供公共文化产品和文化服务为主，二者在公共性、服务性和文化性等方面不约而同；另一方面，作为志愿服务中的有机组成部分，文化志愿服务不以获得物质报酬为前提，致力于提供全方位的、公益性的文化服务。图书馆则是公益性文化事业单位，其宗旨就是为人民群众提供基础的公共文化服务设施。二者在非营利性和公益性方面别无二致。

其次，图书馆精神与志愿者精神之间有强烈的共鸣。不论是图书馆精神还是志愿者精神，都是以人文精神和人文情怀为基础。①自由平等的人文精神。图书馆精神要点有两点：平等服务和免费服务。平等自由的人文精神同样渗透在志愿服务中，构成了"志愿者精神"的精髓。②助人的人文精神。图书馆精神和志愿者精神都强调帮助他人、服务社会，这也是图书馆和志愿服务公益性特点的内涵支撑。③共享的人文精神。志愿服务提倡"共享个人的精力、才能和精神"，从事社会公益事业，而图书馆的建立正是基于知识共享的理念。因此，无论是志愿者精神还是图书馆精神，都充分体现着共享的人文精神。

### （二）图书馆自身发展的需要

图书馆作为非营利性公益事业，以社会效益为追求。充分开发、利用图书馆公共资源，宣传扩大图书馆社会影响是图书馆发展的必由之路。在我国建设精神文明、加强"文化自信"的时代背景下，图书馆需要更加主动地发挥其文化功能，在文化建设中发挥更加积极的作用。在此过程中，如何协调和调动各种社会资源，共同促进图书馆的发展，无疑是图书馆必须认真思考的课题。志愿者则是社会资源中不容忽视的组成部分，图书馆可以对他们进行招募和管理，是有效利用社会力量的创新举措。而志愿者们不计报酬、怀着强烈的兴趣和高度的责任感帮助图书馆提供读者满意的活动，是图书馆建设和发展的新鲜血液和有益助力。志愿者队伍的建设情况和服务质量，也是对一个图书馆文化吸引力、综合管理能力、社会影响力进行判断的依据之一。

### （三）图书馆进一步开放的要求

大多数志愿者都来自图书馆的读者群体，他们既是图书馆服务的受益者，又是图书馆服务的工作者。他们拥有双重视角，既了解图书馆服务中最使读者舒适且满意的地方，也了解读者想要在图书馆服务中寻求什么。正是由于这种身份的双重性，志愿者成为图书馆与读者之间沟通和交流的桥梁和纽带。开馆有益，图书馆志愿服务的引入，符合图书馆的开放精神。而志愿者在宣传图书馆文化、为读者和图书馆提供更多服务的同时，在读者和志愿者角色的转换中，更能发现图书馆存在的一些问题和不足，能够改善图书馆的服务，进一步促进图书馆更加合理地开放，使广大的读者受益更多。

图书馆具有吸引志愿者、使志愿者精神发扬光大的客观优势和现实土壤，而志愿者作为强大的社会力量，在服务过程中可以促进图书馆的发展，帮助图书馆更好地履行使命、服务读者。

### 三、志愿者参与图书馆阅读推广志愿服务

阅读推广是图书馆的基础性业务，也是志愿者参与图书馆服务的主要途径之一。志愿者的参与可以搭建图书馆与读者双向沟通的桥梁，拓展阅读推广的服务形式，提升阅读推广的服务质量，保障阅读推广的服务成效。为了更好地发挥图书馆的功能，提供优质的图书馆服务，积极开展阅读推广工作，国内外图书馆也越来越重视志愿者在图书推广中的作用。

近年来，随着我国全民阅读的氛围日益浓厚，公众对图书馆的需求不断提升，吸纳有专业特长、有教育经验、有阅读推广热情的志愿者积极参与阅读推广活动，并加强专业化培训，建立完善的培训、认证、评价及激励体制，使图书馆志愿者成为阅读推广工作中的生力军，也成为广大图书馆的共识。部分图书馆尤其是一些国外图书馆，已经形成相当完备的机制，甚至开发了由志愿者主导的阅读推广特色项目。志愿者全程参与阅读推广工作，保证了阅读推广工作的有序性和完整性。志愿者在阅读推广中的广泛和深入参与，有效解决了全民阅读推广活动人力资源欠缺等问题，使社会力量得到有效运用，成为全民阅读推广的重要助力。

第一，志愿者参与阅读推广活动的服务队伍建设。优质的阅读推广活动需要一支有规模的专业团队。图书馆志愿者补充了图书馆人力上的不足，为图书馆建设阅读推广专业队伍提供了保障。而图书馆志愿者自身浓厚的兴趣和专业背景，为专业队伍的建设提供了条件。志愿者在专业的培训下，可以成为一支专业的阅读推广队伍，成为图书馆推广阅读服务的得力助手。

第二，志愿者参与阅读推广活动的策划与组织。活动的前期策划关系着整个阅读推广活动的成败。志愿者为图书馆提供的不仅是人力支持，更重要的是智力支持。在活动前，志愿者分工合作，进行活动的资料收集、分析、策划，使活动内容和形式更贴近读者。随着阅读推广服务队伍的扩大，阅读推广活动的选择也可以增加，使开发更大规模和更高层次的阅读推广成为可能。

第三，志愿者参与阅读推广活动的宣传。在活动宣传中，来自不同背景、兼具读者身份的志愿者具有群众优势，他们更加接近读者和群众，更易在读者中产生更显著的宣传效应，可以有效地吸引读者，调动读者的参与热情，可以在更大程度上加强宣传效果；在宣传过程中，他们能综合利用多种宣传方式，

依靠微博、微信等多种媒介和平台，更快、更直接、更接地气地宣传活动内容，形成更加广泛的宣传效应。

第四，志愿者参与阅读推广活动的开展。在阅读推广活动开展过程中，志愿者可以与专业馆员紧密合作、密切配合，共同保证活动的正常进行。志愿者还可以结合专业知识，通过自身经历与读者分享阅读经验、传授阅读技能、传递阅读信息，甚至可以推出"一对多""一对一"的分流式推广，提高活动的效率，使阅读推广活动取得预期效果。

第五，志愿者参与阅读推广项目的创新与改进。在阅读推广过程中，志愿者的参与使得读者和图书馆的沟通更加通畅，通过相互之间的交流，读者能够更加直接、明确地对相关活动提出建设性的意见或建议，图书馆也可以在第一时间收到读者的反馈，并及时做出改进。通过总结，可以不断完善相关活动或项目的细节，创新活动内容和形式，优化阅读推广服务，提高图书馆的服务质量和读者满意度。

## 第三节　阅读推广与网络志愿者服务的融合模式

在信息化高度发展和网络通信技术日益发达的今天，除了传统意义上的志愿者以外，还出现了"网络志愿者"。网络志愿者既可以是通过网络招募的志愿者，也可以是通过网络环境参与志愿活动的个人或团体。进行图书馆在线服务的志愿者，也应该在网络志愿者的范围以内。因此，在传统的图书馆志愿者之外，应该注意到图书馆网络志愿者，在传统的图书馆线下志愿服务之外，应该开拓和发展图书馆网络或线上志愿服务。网络环境条件是网络志愿者参与图书馆服务的主要途径，图书馆所提供的各类服务机会和场所设备条件是网络志愿者参与图书馆服务的前提条件，目的在于协助图书馆更好地为社会大众提供其所需的服务内容。随着服务路径的拓宽和服务内容的丰富，今天的图书馆志愿者在图书馆服务中可以发挥更大的作用。

## 一、图书馆志愿服务的延伸——网络志愿者服务

### （一）网络志愿者的由来

网络志愿者是一个通过互联网参与社会服务的群体，其宗旨在于无私奉献。这一群体通过在线渠道，如邮件和社交网站，以及突破时空限制的方式参与志愿服务，以满足服务对象的需求，并以无偿提供服务为核心原则，不谋求任何回报。这种形式的志愿服务被视为一种公益行为，有助于志愿者实现自我价值。

网络志愿服务的参与方式具有高度灵活性，能够随时随地进行，同时，也使得志愿者能够获得及时的反馈。在具备网络覆盖的地方，网络志愿者能够便捷地与服务对象进行沟通，从而提高信息传播效率，简化服务流程。这种高效的沟通方式为志愿服务的实施提供了便利，有助于更迅速地响应服务对象的需求。

网络志愿者群体的分布广泛，服务内容多元化，吸引了来自不同领域的专业人士参与。这种多元化不仅使得志愿服务能够更全面地覆盖社会需求，还实现了专业优势的互补。通过吸引不同领域的专业人士，网络志愿服务得以汇聚各方面的专业知识和技能，为社会服务提供更加全面和专业的支持。因此，网络志愿服务作为一种新型志愿活动形式，不仅方便了参与者，也为社会服务注入了更大的活力和专业性。

### （二）网络志愿服务的特点

网络志愿服务与实体服务的主要差异在于其脱离了政府和社会组织主导的传统模式，而转向公众自愿参与的机制，将志愿服务深度融入公众意识中。互联网构建的社交空间为网民提供了自由选择志愿服务方式的机会，使其能够自主规划服务时间，拥有更广泛的选择权。

互联网的开放性特征为志愿者提供了即时信息交互的平台，促使大量志愿者能够在短时间内传播信息，建立起广泛的志愿者网络，以平等和互动的方式提高志愿服务的效率。同时，互联网的可视化特征使更多的公众能够全程了解志愿活动，指出存在的问题并提出改进建议，从而推动网络志愿服务的不断完善。这种互联网环境下的志愿服务模式更注重公众的参与和互动，为志愿活动的透明化、高效性和社会反馈提供了新的机制。

### （三）图书馆志愿服务新领域

互联网作为一种广泛应用的信息和沟通媒介，为志愿者提供了一个独特的平台，使其能够实现个人价值并构建全新的志愿服务业态。在这一框架下，网络志愿者充当了图书馆志愿服务的生力军，并成为该服务的延伸。

互联网的普及使信息获取变得更加便捷，降低了参与志愿服务的门槛，为志愿者规模的扩大创造了有利条件。通过基于互联网的虚拟社交环境，不同专业和学科背景的志愿者得以聚集，为志愿服务注入了更多元化的内容，同时拓展了图书馆的业务范围。

互联网尊重用户的个性，为志愿者提供了选择服务对象的自由，实现了个性化服务。在没有现场指导和约束的环境下，网络志愿者仅依赖个人意愿参与活动，自觉遵守职业操守，这有助于提高综合素质，同时，也是一个自我探索和潜能释放的过程。这种自主性的参与模式在互联网环境下得以促进，为志愿者提供了更为灵活和开放的发展空间。因此，互联网为构建富有活力和创新性的志愿服务体系提供了有力支持。

## 二、图书馆阅读推广与网络志愿者融合的功能

网络志愿者来自不同的领域，他们的参与不仅拓展了图书馆业务范围，还搭建了用户与图书馆之间的沟通桥梁，有效提升了阅读推广服务效益。因此，图书馆应该积极招募和培训网络志愿者，提高他们的专业素养和服务质量，为推动全民阅读做出更大的贡献。

### （一）汇聚众智提升阅读推广效益

互联网时代，社交媒体用户迅速增多，更多的用户倾向于通过社区、论坛讨论问题，或者以在线提问的方式寻求答案。通过社交媒体和在线论坛，图书馆能够巧妙地吸引更多用户参与讨论和在线提问。这种参与不仅是单向的信息传递，而且是构建起一个开放的平台，使用户能够积极参与，分享想法，并为图书馆提供宝贵的反馈。同时，通过招募网络志愿者，图书馆得以实现公众智慧的集聚，为用户提供更广泛的图书馆业务参与机会。网络志愿者作为社群的一部分，能够借助其多样化的技能和兴趣领域，为图书馆提供更灵活、多样化的服务。

### （二）架起馆员与用户间的桥梁

网络志愿者不仅是图书馆的服务提供者，更是馆员与用户之间的重要沟通桥梁。由于网络志愿者与广大用户有着相似的阅读心理、习惯与需求，他们成了馆员与用户之间的纽带。通过在线交流，网络志愿者能够及时反映用户的意见和建议，为图书馆提供重要的用户反馈。这种反馈不仅有助于图书馆改进服务方式和优化馆藏资源，还能够在用户与图书馆之间建立更紧密的联系。通过口头宣传和信息交互，网络志愿者有助于推动用户更深入地了解图书馆，尊重馆员的劳动成果，从而实现双向沟通，促进服务质量的提升。

### （三）契合信息主体多元化需求

将网络志愿者融入阅读推广，使其成为阅读资源选择和发布的一部分，能够满足信息主体多元化的需求。这一融合不仅打破了传统的单向服务模式，还使更多用户参与阅读资源的创建和分享。通过互联网提供平等、交互的信息空间，激发用户参与志愿活动，使其从被动地位转变为主动的阅读资源的选择者和发布者。同时，利用互联网的即时信息交互，实现阅读信息的多向、多层次传递，从而促进信息的再生产与二次利用。这种多元化的信息传递不仅提高了阅读资源推广的效果，也促使用户更加深入地参与图书馆的各项活动。

## 三、网络志愿者参与图书馆阅读推广服务融合的方式

### （一）少儿阅读推广服务方式

近年来，随着培养少儿阅读能力在学校和家庭教育中越来越被重视，由图书馆组织的多种多样的少儿阅读推广活动相继出现，积极引导社会力量的加入对于图书馆少儿阅读推广活动的正常开展而言，可以提供强有力的人力资源支持和资金经费支持。基于此，在众多社会力量中，图书馆就与网络志愿者之间建立了最佳合作伙伴关系。就目前网络志愿者参与图书馆少儿阅读推广活动的现实而言，我国香港地区无论是在内容上还是在形式上都更为多元化，并积累了丰富的经验，比如，由中国香港中央图书馆组织的"亲子故事坊"系列活动。相对于我国香港地区的成熟，内地虽然也有一些为社会所认可和赞扬的成功案例，比如由南京图书馆设立的馆中馆——"0～6岁少儿馆"，家长通过这些活动感受到了网络志愿者的周到服务，同时也体现出了网络志愿者与少儿之间的良好互动沟通，但不可否认的是，内地公共图书馆和网络志愿者合作推动少儿

阅读推广活动仍处于起步阶段，需要进一步探索和尝试。

### （二）真人图书馆服务方式

真人图书馆在我国多所高校图书馆已经步入了初步试验阶段。在日益完善的服务模式的带动下，真人图书馆以其独到之处吸引用户广泛关注、为用户提供全新的阅读体验和多样化服务等优势，受到了越来越多图书馆的认可，也收获了用户超高的体验评价。这种局面的形成，主要取决于其"真人图书"的构成为各行各业的志愿者精英。这些志愿者因其在所属领域的突出成就和受人尊敬的社会地位，使得大批用户对其产生一种由衷的信任。与此同时，对于图书馆志愿服务而言，这种"真人图书"的志愿服务形式是对已有模式的创新，提升了其服务形态的层次性。

### （三）数字化信息支撑服务方式

随着社会的进步，我国图书馆志愿者服务的内容实现了进一步拓展，图书馆志愿者服务的实现也得到了有效的推进，这一切成果的取得都离不开迅速发展的现代信息技术的强大支撑力。就现阶段而言，虽然网络技术应用于图书馆服务已经取得了显著成效，如已开通在线借阅服务等，但从整体上来讲，图书馆志愿者服务的发展速度始终无法与志愿者的服务意愿，以及以自身知识为基础来开展公益服务的内在需求相适应。所以，图书馆若想实现长远健康的发展，则必须提高对数字化网络环境的重视程度，这就需要对数字化网络环境和与其相关的志愿者服务内容的外伸延展之间的内在联系有更为清晰的认识。比如，在阅读推广服务中，实现志愿者由提供体力服务到提供智力服务的转变，数字图书馆可以大力拓展服务工作，如强化引导与培训、制作多媒体数字影音、数据分析等。

## 四、图书馆阅读推广与网络志愿者服务的融合策略

### （一）完善网络志愿者服务管理机制

除了从法律层面对志愿者服务进行规定和约束之外，部分国家在发展资金的获取方面还充分调动了政府和社会力量，设置专门的志愿者管理机构对其进行服务管理。以美国图书馆的志愿者管理为例，其管理方式主要表现为购买人身保险保障志愿者人身安全，以及完善的规章制度保障、定期的志愿者培训提升机制、科学的评价考核机制等。其他国家的这些成功经验均可为我国图书馆

网络志愿者服务所吸收和借鉴，综合考量体制机制、法律法规、资金支持等各个方面来推动科学图书馆志愿者管理体系的进一步完善。从自身的角度来讲，必须设置专业的志愿者管理机构对管理方法、管理制度进行进一步完善，从而切实发挥专业化数字管理系统在提高志愿者资源利用率方面的重要作用；此外，从社会的角度来讲，为保障阅读推广服务工作的正常有序进展，图书馆必须积极寻求与其他部门的合作，从而从资金上充分保障阅读推广工作的质量。

### （二）激发网络志愿者的积极性和能动性

对于社会大众参与网络志愿者服务而言，其发展的根本动力源于图书馆阅读推广活动的公益性和志愿者的无私奉献精神。所以，网络志愿者参与图书馆阅读推广活动的积极性和能动性是有效保障推广质量的重要影响因素，这就需要图书馆进一步强化与网络志愿者的良性沟通，确保二者之间合作共助的可持续性。

第一，强化网络志愿者的工作认同感。其实现途径主要表现为两方面：①颁发证书、表彰和公开表扬等正式激励认同措施；②口头表扬、电子邮件感谢等非正式激励认同措施。

第二，强化网络志愿者的工作幸福感。即从人文的角度，对网络志愿者予以生活上的关怀和工作上的尊重，比如，建立志愿者意见反馈机制，及时听取志愿者的建议或意见，或组织便于网络志愿者之间互动的网络志愿者交流会等。

第三，强化网络志愿者的工作自信感。即创造网络志愿者进行自身素养和职业技能提升的机会，为网络志愿者开放更多的组织管理权，充分尊重网络志愿者自主策划相关工作的权利和自由。

### （三）丰富图书馆与网络志愿者间的合作内容和形式

得益于新媒体环境和不断进步的互联网技术，图书馆与网络志愿者之间的合作内容和形式实现了进一步的丰富和创新。具体来讲，主要表现为：

第一，自媒体方式（如志愿者服务专项微信公众号、微博账号等）为图书馆阅读推广活动相关志愿者岗位信息的发布与阅读提供了极大的便利，同时，对于社会大众，特别是青年人群而言，他们实时掌握图书馆阅读推广公益活动的组织动向也更加快速和有效。

第二，以"互联网+"技术为依托建立的虚拟化交流平台，突破了阅读推广活动服务对象与推广者图书馆、网络志愿者之间互动交流的时空局限，使得阅读推广内容的互动更加自由和灵便。

　　第三，众包模式的应用对于图书馆阅读推广服务的复合化、多元化发展具有非常重要的推动作用。所谓的众包模式就是由专业化水平较高的网络志愿者组织分包部分阅读推广活动内容的合作模式。

　　开展阅读推广活动、提供优质阅读内容是图书馆的重要职责。而社交媒体环境下图书馆深化阅读推广活动，需要广大网络志愿者的积极参与，借助互联网的强大信息交互功能，拓展阅读推广范围，创新阅读推广形式。因此，图书馆亟待完善网络志愿者管理机制，在网络志愿者招募、培训等环节强化监管，形成阅读推广与网络志愿者融合的新模式，让阅读推广成为网络志愿者自愿施展才华的"第二职业"。

# 第七章　智慧图书馆建设下的阅读推广研究

## 第一节　智慧图书馆的形成与建设

### 一、智慧图书馆的概念及形成

#### （一）智慧图书馆的概念界定

智慧图书馆，作为一个复杂而多元化的领域，其关键概念和定义一直存在着多元化和不一致性。国内学者对于智慧图书馆的定义缺乏统一性，各自从不同研究角度提出了不同的观点。虽然智慧图书馆在我国的研究和发展起步相对较晚，但其概念和定义已经逐渐清晰起来。

从感知计算的角度来看，智慧图书馆是通过物联网技术、云计算技术以及智能设备的应用，来实现图书馆的智慧化运作。这一概念强调了信息技术在智慧图书馆中的基础作用，数字化、网络化、智能化成为实现目标的关键因素。

在智慧图书馆的核心要素方面，人与物的互通互联被认为是至关重要的，同时强调以人为本、绿色发展以及方便读者的原则，成为智慧图书馆的灵魂与精髓。智慧图书馆不仅是技术的堆砌，更是服务和用户体验的提升。

智慧图书馆也可以从智能建筑的角度来理解。在智慧城市的背景下，图书馆作为一个智能技术应用的典范，实现了建筑智能化和管理高度自动化的数字图书馆。这种角度下，图书馆不仅是一个知识的仓库，更是城市智慧化建设的一部分。

从人文学的视角，智慧图书馆依托智能感知技术和高素质馆员，通过智能化的设施提供优质服务，强调智慧馆员的重要性。这种理解方式将人文关怀与高科技相结合，注重了服务的人性化和个性化。

从用户服务的角度看，数字图书馆引入智能技术，提供更智慧化的服务，优于传统数字化服务。智慧图书馆不仅提供丰富的资源，还通过数据挖掘等技术手段，为用户提供个性化的推荐和定制服务，满足不同用户的需求。

### （二）智慧图书馆的形成原因

智慧图书馆的形成通常涉及技术驱动、理论引导和社会需求。

1. 技术驱动

进入 21 世纪以来，技术的迅猛发展如人工智能、物联网、虚拟现实和云计算等，已经显著改变了公众对科技的看法。这些技术的崭露头角不仅改变了人们的生活方式，还对各行各业产生了深远的影响，包括图书馆。这一技术快速发展的环境迫使图书馆不断更新工作理念，以适应新的挑战和机遇。新兴技术的兴起推动图书馆的工作方式发生了根本性的变化，从传统的图书馆到数字图书馆，再到如今的智慧图书馆，这一演进过程不仅为图书馆注入了新的活力，也为其提供了强有力的技术基础。

智慧图书馆概念的提出受益于无人化和自动化设备的广泛应用。现在，读者可以通过自助借还系统、自动图书分类机器人等技术来更便捷地获取信息和资源。这些创新不仅提高了服务效率，还为图书馆未来的发展提供了全新的思路和方向。

2. 理论引导

图书馆学，自其创建以来，经历了深刻的起源与演变过程。最初，它主要关注图书馆的工作方法和人员管理，旨在提高图书馆事业的效率和质量。随着时间的推移，图书馆学的研究内容逐渐扩展，涵盖了更广泛的领域，包括图书馆事业的建设以及揭示图书馆的本质特征与发展规律。

在长期的发展过程中，图书馆学逐渐形成了自己的科学理论体系。这一体系不断丰富和总结经验，为图书馆学的进一步发展提供了坚实的理论基础。与此同时，图书馆学的理论不断更新和延展，以适应外部环境的变化。这种不断更新的过程有助于指导图书馆学的发展，并确保其与时俱进。

技术的进步对图书馆工作产生了深远的影响。随着信息技术的飞速发展，图书馆学理论也得到了新的思维和方向。数字化图书馆、信息检索技术和大数据分析等工具和方法的出现，使图书馆学能够更好地满足用户的需求，并提供更高效的服务。

图书馆学逐渐与其他学科交互融合，实现了综合性发展。这种交互融合使图书馆学能够更好地应对时代的需求，不仅关注图书馆内部的运作，还关注与社会、文化、科技等各个领域的联系和互动。

智慧图书馆的出现反映了时代特征，也是图书馆学理论不断完善和与计算机科学、通信科学互动的结果。智慧图书馆利用先进的技术和数据分析方法，为用户提供更个性化、便捷的服务。这一趋势将推动图书馆学向更高层次和更高质量的发展，使其成为信息、智慧时代不可或缺的重要领域。

3. 社会需求

随着社会的发展，物质生活的丰富和人民文化素养的提升，人们对图书馆提出了新的需求。传统的图书馆角色逐渐演化，不再仅限于提供读书和看报的场所，而需要转向更多领域，包括答疑解惑、数字技术学习以及高价值信息的获取。

不同类型的用户具有各自特定的需求。高校师生需要学术支持和研究资源，家长关注儿童教育和文化活动，而中老年人可能追求健康知识和社交互动。传统图书馆难以同时满足这些多样化的需求，因此，需要思考如何与时俱进，进行变革和创新。

在这个背景下，智慧图书馆的概念迅速崭露头角。智慧图书馆旨在以更灵活、多元化的方式满足用户需求，承担社会责任，发挥图书馆的多重功效。这包括引入新技术，提供在线答疑服务，推广数字技能培训，以及积极参与社区文化活动。

### （三）智慧图书馆的功能

1. "智慧管理"功能

物联网是一种网络，其基础是将各种物品连接到互联网，使它们能够进行物品标识、感知信息处理、交换和通信。这一连接是通过一系列信息设备，如RFID技术、传感器技术、智能嵌入技术、全球定位系统、激光扫描器等，按照特定的协议实现的。物联网的目标是实现物品和物品之间的智能化识别、定位、跟踪、监控和管理。简而言之，物联网可以看作将物品连接在一起的网络，也可以称为"物与物相连的网络"或"物体的互联网"。智慧图书馆的智慧管理功能主要依赖于物联网技术，这种管理涵盖了对人员、图书和资产等多个方面的管理。

（1）对人的智慧管理

对人的智慧管理包括对图书馆馆员的管理和对用户的管理，对人员的管理主要是通过身份识别技术来实现的。例如，图书馆馆员和用户均需要办理一张存有个人信息的一卡通卡片（卡片也可以内置到手机中）。此卡集多种功能于一体，如图书馆借阅及占座、校园消费、教学楼和宿舍门禁系统等。图书馆在门禁处安装感应器或接收器，此装置与校园卡管理系统和图书馆管理系统相连接。馆员或用户只需携带一卡通卡片或者内置一卡通信息的手机，靠近门禁处，门禁接收器便会自动识别并开启门禁，使他们可以轻松进入。与此同时，系统会记录人员的信息，并将其传送至图书馆管理系统。这一信息采集过程不仅提供了安全性，也极大地便利了用户。一旦进出馆的信息被记录，管理系统将生成详尽的进出馆人员信息报表，包括各类人员每天的进出馆次数和时间。这种统计数据为图书馆的资源分配和服务改进提供了重要参考。此外，多个门禁接收器的布置使得管理人员能够方便地查看各类人员在馆中的流动情况，进一步提高了对图书馆内部情况的掌控。此系统非常便于对图书馆人员进行管理，并积累详细数据以供图书馆管理层和馆员利用。

（2）对图书的智慧管理

对图书的智慧管理主要依靠植入芯片技术和 RFID 技术来实现。例如，以往图书都是依据图书馆分类法，依靠人工来进行分类排架、查找等管理工作。由于高校师生人数较多，用户借阅图书量大，所以图书馆员就需要每天或很低的频次对书架进行整理，这对图书借阅部门的馆员来说是一项比较重的负担，同时也使得图书流通效率降低。而依靠芯片技术和 RFID 技术，图书馆馆员可以将来自不同出版社的图书的基本信息植入芯片，通过此芯片可以进行智能化管理。同时，此项技术可以带来很大便利，一是植入芯片可以省去繁杂的图书信息编辑工作。二是清点图书也变得非常简单，只需要用扫描设备在书架上依次扫过，所有书目信息便一目了然。通过此项技术，以往需要相当长时间的清点工作，现在只需很短时间就能完成。三是方便用户查找所需书籍。以往用户借阅图书需要先查该书的索书号，再去相应的书架找书。RFID 技术的应用使得图书查找变得极为便捷。用户可随身携带扫描设备，轻松快速地定位所需的图书，无须费力翻找书架。同时，馆员和用户也能便捷地查询图书的基础信息、馆藏书目数据、借阅记录以及图书当前位置，提供了全面的信息支持。

RFID 技术也大幅简化了书架整理工作。馆员可以利用 RFID 系统快速顺架和归位图书，无论书架多么混乱，都能迅速找到所需。系统的声光报警功能可立刻发出提示，帮助检查排架错误或找到目标书刊，进一步提高了工作效率。这种智能化的整理方式不仅减少了失误，还大大缩短了整架归位的时间，降低了错架和乱架的概率，为图书馆管理带来了巨大便利。

2. 智慧服务功能

智慧图书馆的智慧服务又分为一般性服务和深度服务。一般性服务是指图书馆的基础服务，如借还书服务、空间服务（教师和学生利用图书馆空间来学习和研讨等）等；深度服务是指图书馆馆员利用所学的专业知识，结合用户的需求提供的更深层次服务，一般包括知识服务、高级参考咨询服务和情报服务等。智慧图书馆的深度服务功能将在后面的章节详细描述，在此，仅探讨智慧图书馆的一般性服务功能。

智慧服务的一般性服务包括借还书服务和空间服务。

（1）智慧性的借还书服务

智慧图书馆的借还书服务颠覆了传统的人工操作，通过自助借还系统的引入，为读者提供了更加便捷高效的借还图书体验。这一系统允许读者使用他们的借书证与自助借还机进行交互，将图书的借阅和归还变得无比简单。无论是白天还是夜晚，自助借还机全年无休地提供服务，让读者不再受时间限制，随时随地借还所需图书。这一系统支持同时借还多本图书，大幅增强了流通速率，减少了借阅烦琐的流程，从而减轻了图书馆工作人员的工作量。智慧图书馆的借还书服务不仅提高了服务效率，还提升了服务品质，让读者享受到更快捷、便利的服务。

（2）智慧性的空间服务

借助智能占座系统，图书馆有效地管理阅览室和自习室的座位。读者只需使用智能卡或手机进行选座操作，即可轻松预订所需位置。这一系统还具备打印座位票、保留座位或自动释放座位的功能，使得座位资源得以最优化利用。另外，5G 网络的引入进一步提升了智能占座系统的效能，系统可以根据图书馆的管理规则，更加智能地分配和释放座位，提高了座位管理的效率。通过这一系统，图书馆为读者提供了便捷、高效的图书馆空间使用体验，不仅节省了时间，还提供了更加舒适的学习环境。

### 3. 空间智慧化

智慧化空间是现代图书馆利用高科技设备和先进技术来管理空间资源，以达到最佳的空间效益。这一理念的核心在于智能楼宇系统的应用，将建筑物的各个方面纳入综合性的自动化管理中，从而实现了空间的智能化。

楼宇智能化是智慧图书馆的关键，包括电力、空调、照明、防灾、防盗、运输设备等多个方面的协同工作，旨在实现建筑物的自动化控制、通信自动化、办公自动化、安全保卫自动化以及消防自动化。为了实现这一目标，智慧图书馆采用了一系列的楼宇智能化系统，包括综合布线系统、计算机网络系统、电话系统、有线电视及卫星电视系统、安防监控系统、一卡通系统、广播告示系统、楼宇自控系统、酒店管理系统、物业管理系统、智能楼宇管理系统等。根据具体需求，图书馆可以选择性地建设这些子系统，以支撑楼宇管理的各个功能。

在智慧图书馆中，智慧化空间体现在多个方面。首先，网络视频监控系统被用来对图书馆空间进行智能管理，确保安全和秩序；其次，声光电和温度湿度控制系统通过传感器、行程开关以及光电控制等设备来检测环境状态，并通过中央计算机进行监测和调控，以确保空间内的声音、光线、温度和湿度都处于最佳状态。

智慧图书馆的大门具备自动定时开关功能，这样可以根据开馆和闭馆时间自动控制门的状态，提高了安全性和便捷性。综合布线系统覆盖了整个馆内，提供了全面的网络覆盖，为读者提供了无线上网等便捷服务。

智能广播系统用于播放背景音乐、发布通知和应急广播，告示系统则用于发布重要的视频信息。这些系统的应用使得图书馆的信息传播更加高效和多样化。

此外，智慧图书馆还在消防方面进行了重要的改进。智能消防系统具备火灾初期自动报警功能，一旦检测到火灾迹象，系统会立即发出警报并通知消防部门。此外，系统还包括自动灭火控制柜、热烟感应系统、火警广播系统等，以确保火灾情况得到及时处理和控制，最大限度地减少了潜在的风险。

智能身份识别系统依赖一卡通系统来实现。这一系统允许图书馆对读者身份进行准确识别，确保只有授权人员能够进入特定区域，提高了安全性和管理的便捷性。

## 二、智慧图书馆建设

### （一）智慧图书馆建设的内容

智慧图书馆的建设内容应该基于目前的智能技术和设备，充分利用大数据、物联网以及云计算等技术的优势，并结合图书馆现在的业务服务内容进行收集、存储、组织和分析信息数据，具体来说包括以下五点。

1. 全馆资源的无感借阅

读者经过人脸识别或其他身份验证后就可进入图书馆，查阅图书馆的纸质资源、电子资源以及其他服务等。结合人脸识别技术和 RFID 等图书识别技术，让读者在经过闸机时就自动完成了借还书手续，并将借还信息变动通知发送到读者的移动终端设备上。

2. 信息的精准推送服务

随着互联网和自媒体技术的飞速发展，很多弊端也日益严峻化，如网络信息海量化、无序化问题越来越严重，对读者的信息检索产生了较大的阻碍。为了有效解决这一问题，智慧图书馆的建设就是一个势在必行的举措，这样才能让用户轻松地获取自己所需的信息和数据。智慧图书馆通过科学地筛选、分类、分析海量的数据，从而对读者的阅读习惯和行为习惯进行把握，能够智能地识别用户的显性和隐性需求，这样才能提高信息产品的针对性和合理性。

3. 数据库资源建设与服务

21 世纪以来，数据库建设得到不断的完善，和纸质图书比起来，数据库中期刊研究内容的时效性更高，所以为读者提供的信息也更为迅速有效，这也使得读者更依赖数据库，而数据库的建设又是智慧图书馆建设的核心内容，是为读者提供个性化服务的保障和前提。智慧图书馆数据库建设应该满足知识覆盖的要求，同时还要融合各个学科的资源，对数字资源之间的关联进行深入的完善，促进一键检索系统的改进和完善，让知识传播和推广效率得到不断的提升。

4. 视听资源服务

自古以来，人们记录文字就采用各种各样的材料，自发明纸张以来，其一直就是文化传播的重要载体。20 世纪之后，科技得到了飞速发展，人们的记录不仅可以依靠文字，还发明了声音、视频等方式，加上互联网和移动技术的出现，人们可以通过移动设备来获取和共享网络视听资源，一些研究方面的内容也具有了视听形式。在这一发展趋势下，未来图书馆作为一个重要的知识存储机构，不仅要满足于纸质资源和文字性资源的储藏，更应该重视视听性资源的丰富化发展，所以说，收集、加工、整理、分类以及分析视听性资源也成为未来智慧图书馆的一个重要发展方向。

5. AI 人工智能机器人服务

AI 人工智能研发热度逐渐上升，已经成为全球关注的一个重要问题。人工智能通过模拟人的意识和思维，进行人脑无法完成的计算工作和存储工作。像图书馆中存储的数字资源量就是人脑所无法比拟的，此外，它还包括了各种语言，这也是个体无法做到的。AI 机器人可以识别读者的语言检索关键词，并提供相应的资源和信息服务。而且 AI 机器人所具备的存储能力、数据收集和分析以及计算能力也是人脑无法实现的，这样就能够分析每位读者的阅读习惯和偏好，并快速地为读者提供个性化的信息服务，这也是其优势所在。由于 AI 机器人技术的不断发展，AI 机器人服务将成为智慧图书馆发展的一个必然趋势。

**（二）智慧图书馆建设的基本原则**

1. 以人为本，服务用户的原则

在当今社会，现代信息技术的不断更新升级已经成为常态，这一现象导致了知识体量的急剧扩展，同时也缩短了再学习的周期。个体在这个信息爆炸的时代，需要将已知信息有效地转化为可了解和使用的知识，同时淘汰过时的信息，以应对不断变化的知识需求。正是在这个背景下，智慧图书馆应运而生，旨在帮助用户具备这种信息管理的能力。

智慧图书馆的核心目标是服务用户，以人为本，超越传统的存储和借阅功能。为了更好地满足用户的需求，可以将用户分为两个主要群体：学习者和研究者。这两个群体的信息素养和深度知识需求各不相同，因此，需要不同的服务策略。

对于学习者群体，智慧图书馆应提供丰富的信息工具，以帮助他们将已知信息转化为知识，并培养其独立解决问题的能力。这包括提供学习资源、知识管理工具以及信息检索技巧的培训。通过针对共性需求的服务，智慧图书馆可以帮助学习者更好地适应快速变化的知识环境。

对于研究者群体，智慧图书馆的使命是提供更丰富、准确的信息资源和高效的信息工具。这包括访问高质量的学术数据库、引文分析工具以及数据挖掘技术，以支持他们的研究工作。为研究者提供有效的信息工具，有助于他们更快速地发现新的知识，推动学术和科研的进展。

智慧图书馆应关注用户的个性需求，提供定制化、人性化的资源和服务。这可以通过分析用户的数据和行为来实现，根据用户的兴趣和需求，为他们量身定制解决方案。例如，根据用户的阅读历史和偏好推荐相关的书籍或文章，或者提供个性化的研究支持和指导。

2. 降低门槛，强化功能的原则

互联网已经彻底改变了人们的生活方式。随着时间的推移，用户对互联网的需求不断增多，这推动了以用户为导向的商用技术的不断成熟。

在移动终端领域，社交软件占据了主导地位。微信、微博、抖音等社交软件已经成为大多数人在移动设备上花费时间的主要途径，它们创造了一种全新的线上社交生活方式。这些社交软件不仅改变了人们与他人互动的方式，还逐渐取代了传统的认知拓宽方式。用户可以在这些平台上与朋友分享生活，获取新闻信息，甚至参与在线教育和娱乐活动。社交软件积累了大量的用户反馈数据，这些数据帮助它们更好地了解用户需求，开发有针对性的功能，使用户体验更加丰富。

社交软件之所以如此成功，部分原因是它们的功能丰富、用户友好且使用门槛低。无论是与朋友聊天、分享照片，还是关注感兴趣的话题，这些软件都提供了便捷的工具和界面。用户可以轻松地与他人建立联系，参与社交互动，无须太多的技术知识。

在互联网信息媒介竞争中，图书馆处于相对不利的地位。尽管图书馆在版权、资源权威性和历史性资源方面具有明显优势，但在吸引和满足现代用户的需求方面，图书馆还面临着挑战。用户更倾向于使用社交软件来获取信息，因为这些平台提供了更快速、更便捷的途径。此外，社交软件也更容易满足用户的社交需求，因此，吸引了大量用户的时间和关注。

图书馆发挥优势的关键在于缩短用户与资源、用户与用户之间的距离。图书馆可以借鉴社交软件的用户友好性和便捷性，将其融入图书馆的服务。这可能包括开发更易于使用的图书馆应用程序，提供在线社交互动工具，以及推出个性化的信息推荐系统，以满足用户的特定需求。此外，图书馆还可以积极参与社交媒体，与用户建立更紧密的联系，促进信息的分享和传播。

3. 突出实验，启迪创新的原则

自现代意义的大学建立以来，实验室在学术研究和创新方面发挥了重要作用。这些实验室不仅为学生提供了丰富的实践经验，还为科学家和研究人员提供了探索未知领域的机会。然而，社会教育需要更多的创新意识，仅仅依赖大学和研究机构是不够的。

为了解决这个问题，图书馆可以扮演一个重要的角色，效仿实验室体系。图书馆不仅仅是储存书籍和资料的地方，更应该成为一个开放的室内实验室，供学生、研究人员和企业家使用，促进独立思考和创新。这种改进将为社会教育注入新的活力。

图书馆的作用应该包括提供丰富的资源，不仅是书籍和期刊，还包括数字化媒体、技术设备和实验工具。这将帮助学生和研究人员在他们的项目中更加灵活地探索和实验。此外，图书馆还应该积极培养独立思考能力，提供学习和创新的工作坊，以帮助用户培养解决问题和创造的技能。

图书馆应吸引非学生用户群体，包括社区居民和企业界人士。这样一来，图书馆将成为一个开放的知识中心，汇聚各个领域的专业知识和创新想法。这将促使质疑和深刻思考，不仅仅局限于学术界，还扩展到社会各个层面。

4. 打造"智慧"共同体的原则

智慧图书馆，作为智慧城市理念的重要组成部分，不仅是一个独立存在的机构，更是整个智慧格局中的关键元素。在规划和发展智慧图书馆时，必须全面考虑其在整个智慧体系中的地位和角色。这涉及将其职能与智慧城市的其他组成部分相协调，以实现协同作用。

当前首要任务是将智慧图书馆作为一个资源媒介与用户连接起来。在快速变化的智慧时代社会中，知识获取变得至关重要。因此，智慧图书馆应该为用户提供多种知识获取途径，以满足不同需求和学习风格。这不仅包括传统的书籍和文献，还包括数字资源、虚拟学习环境以及与全球知识网络的连接。

智慧图书馆也应该被视为学习、交流和创新的融合空间。它不仅是一个储存知识的地方，还是一个培养创新能力的场所。用户可以在这里参与各种学术和创新活动，促进思维的交流和碰撞，从而培养创新精神。

此外，智慧图书馆还扮演智慧城市的教育场所的重要角色。它应该全天候、无门槛地衔接和补充学校教育。这意味着它不仅是一个知识的存储库，还应该提供各种教育资源和服务，以支持个人和社区的学习和培训需求。

要实现这一愿景，智慧图书馆需要强化自身功能。同时，它应该积极促进文化系统和教育系统的联合，形成一个智慧共同体。这个共同体将帮助用户群体成为智慧公民，提高他们的信息素养、创新能力和社会参与度。

### （三）智慧图书馆建设的路径

1. 注重数字图书馆的基础支撑作用

自 20 世纪 90 年代以来，中国数字图书馆事业经历了巨大的创新和发展。在这个时期，中国实施了国家数字图书馆工程和数字图书馆推广工程，旨在促进文献资源的数字化，改变了图书馆资源的组织与利用方式，有效提高了资源的使用率。这些举措为中国数字图书馆的壮大和完善奠定了坚实的基础。

如今，中国已经构建了一个以国家数字图书馆为核心的数字图书馆体系。这一体系不仅在国内推动了数字资源的管理和传播，还在国际上树立了榜样。其中，智慧图书馆的发展为数字图书馆提供了崭新的方向。智能技术和新的服务平台为数据获取、分析、资源描述和利用带来了前所未有的机会，极大地提高了数字图书馆的效益，使其更具普惠性和便捷性。

数字图书馆建设和智慧图书馆建设是相辅相成的。数字图书馆作为智慧图书馆建设的基础，扮演着重要的角色。在智慧图书馆建设过程中，必须以数字图书馆为基础，对系统、设备、资源和服务进行升级和整合。这种有机结合将使智慧图书馆更具可持续性和综合性，为用户提供更多元的体验和服务。

智慧图书馆建设不应抛弃数字图书馆建设。相反，应着眼于解决数字图书馆遗留的问题，并积极整合数字资源。这意味着实现跨领域和跨语言资源描述，为用户提供一站式查询和使用资源的功能。这种融合和协同发展将进一步提高中国图书馆事业的水平，使其在数字时代持续繁荣。

2. 以智能技术赋能图书馆事业发展

智慧图书馆，作为现代图书馆的进化形态，将智能技术视为其核心要素，这一观点被广泛认可。实际上，智能技术不仅是图书馆的支撑，更是其实现智慧服务与智慧管理的基础，因而也成为提升图书馆竞争力的关键所在。

当前，学界和业界正密切关注将新兴技术如大数据、云计算、物联网和人工智能应用于智慧图书馆建设的问题。这一趋势意味着图书馆不再仅仅是书籍的存储和借阅场所，而是变得更加智能化和互联互通。一些先进的图书馆已经实现了智慧化基础业务，例如，智能书架和机器人服务，同时，也加强了智慧体验型服务，例如，超级影视和云课堂，以满足不同用户的需求。

要实现真正的智慧图书馆，关键在于区分智慧图书馆的目的与智慧技术的手段。技术只是一种工具，图书馆的成功取决于是否能够满足用户的需求并具备良好的运营能力。因此，在引入智能技术时，图书馆需要保持敏感，明确选择标准，优先考虑是否有利于用户的智慧发展。它们应根据实际需求选择最合适的技术，同时关注新旧技术的协同与适配。这种谨慎的方法有助于确保智慧技术的应用不仅仅是跟风，而是真正提高了图书馆的效能和服务质量。

3. 构建新一代智慧图书馆服务平台

中国图书馆管理体系正经历着一场前所未有的智慧转型。过去，中国的图书馆管理主要依赖于自动化系统，如 ILAS 和 Horizon 等。随着社会的不断发展和用户需求的不断变化，这些传统系统已经无法满足新的需求，迫切需要进行更新换代。

全球范围内，国际图书馆行业正在积极过渡到新一代服务平台，如 Alam、Sierra、WMS 和 FOLIO。这些平台不仅提供更多的智慧服务和管理可能性，还具备可伸缩、可扩展和可持续改进迭代的性能，使它们成为智慧图书馆服务平台的有力候选。

新一代图书馆服务平台不仅能够满足当前需求，还具备持续改进和迭代的潜力。它们有望成为智慧图书馆服务平台的典范，支持各种智慧应用模块，从而进一步提升图书馆的管理和服务水平。

中国的图书馆行业急需符合国内需求的新一代智慧图书馆服务平台。为了实现这一目标，图书馆学界与业界应积极合作，扩充本地社区团体，加速本地产品的开发，推动国内服务平台及应用产品的升级与迭代。只有通过共同努力，中国的图书馆才能迈向更智慧、更高效的未来，更好地满足广大读者的需求。

4. 深入开展新型智慧馆员培养工作

在我国，智慧图书馆的建设已成为数字时代图书馆事业的重要方向。然而，尽管物质技术的迅速发展引领了智慧图书馆的转型，但往往忽视了智慧馆员的职业需求和知识技能。智慧图书馆的建设不仅需要高端的技术设备，更需要智慧馆员，他们被认为是智慧图书馆建设成功的关键因素之一。

智慧馆员需要意识到智慧转型所带来的新需求和危机感，加强个人智慧转型，将技术智慧作为基础，但更重要的是馆员智慧，这是支撑智慧图书馆的核心动力。因此，在构建智慧图书馆服务平台时，馆员应充分发挥主题专家的作用，传递专业知识，进行行业交流，为用户提供优质的服务和资源。

智慧图书馆建设需要图书馆员的业务知识与技术知识的集成。智慧馆员应不仅具备图书馆学科的专业知识，还需要具备信息技术、数据管理、知识管理等多方面的技术知识，以更好地适应数字时代图书馆的发展需求。

为了满足智慧图书馆建设的需求，需要培养新型智慧馆员，并构建选拔、培养、激励和发展机制，以吸引更多有志于智慧图书馆事业的人才。图书馆学会应发挥作用，实施培养计划，提升图书馆行业对智慧馆员需求的认知，推动智慧馆员培训的实践。

各级各类图书馆应构建自己的智慧馆员人才体系，避免过度依赖外部技术企业。只有拥有一支经过专业培训的智慧馆员队伍，图书馆才能更好地适应数字时代的挑战。

理论界也应关注智慧馆员发展的相关课题研究，指导智慧馆员培训实践，为智慧图书馆的建设提供理论支持。智慧图书馆的实践与理论研究需要明确的目标导向与清晰的路径指引，以确保建设的方向正确、效果显著。

未来需要深入研究中国特色的智慧图书馆体系建设问题。中国在数字化和智能化领域取得了显著的进展，因此，在智慧图书馆建设中，可以借鉴并发展中国特色的智慧图书馆体系，以满足中国社会和文化的独特需求。

## 第二节　智慧赋能的图书馆阅读推广服务

### 一、智慧赋能应用于阅读推广的必要性分析

智慧赋能是将传统行业与人工智能、大数据、云计算、物联网等信息技术相结合，使传统行业具备智慧服务的能力，从而为用户提供智能化、便捷化、高效化的服务体验。换句话说，就是借助数字智慧为传统行业注入科技动力。

随着科学技术的迅猛发展，以"智能升级""数字转型"等为代表的基础设施体系正趋于完善，智慧医疗、智慧出行、智慧社区等正在改变公众的生产

生活方式。图书馆也需抓住契机，对馆内的基础设施进行全面升级换代，大力引入智慧产品，力争让图书馆高质量融入智慧生态。阅读推广一直以来都是图书馆的主要工作之一，且已取得了较好的效果，但如何让推广要素与数据更加紧密地结合在一起，让阅读推广活动凸显智慧性，与读者的距离更近，仍有较多研究空间。笔者基于智慧赋能的阅读推广提出相关策略。

数字化阅读方式要求用户在深度阅读与快速信息捕捉之间找到平衡，因此，智慧赋能的阅读推广应同时关注认知提升与实践探索，以实现智慧阅读与受众品味的契合。当前，学术界和产业界倾向于实现用户行为数据痕迹与新技术的融合，借助智慧赋能，通过智能推荐或可视化方式全面呈现用户阅读特征。这种研究维度有助于追踪用户阅读偏好轨迹，协助用户超越传统阅读的时空限制，展示隐性关系，打破传统单一、枯燥乏味的阅读推广形式，增强用户黏性，最终实现图书馆阅读推广服务的可持续发展。然而，目前基于智慧赋能的阅读推广研究仍处于初级阶段，需要进一步深入探索，尤其是在推广先决条件、推广主体、推广对象、推广内容、推广途径方面仍存在不足。

## 二、智慧赋能图书馆阅读推广服务的开展

### （一）强化推广主体的建设

1. 建设阅读推广服务团队

在智慧赋能之下，提升图书馆阅读推广服务质量不仅需要关注阅读推广环境、阅读内容等要素，还需构建一支具备团结协作、奋发向上精神的阅读推广服务团队。考虑到团队成员可能存在的专业背景、文化程度和年龄差异，我们需要建设一个完善的阅读推广服务团队。

首先，阅读推广人员需要具备广博的知识储备，包括社会科学、自然科学、思维科学等学科领域。通过深入了解这些学科知识，阅读推广人员能够更好地把握读者的个性化需求，为不同读者提供更为精准的阅读推荐服务。

其次，阅读推广人员应具备较高的业务技能和职业素养。他们需要熟练掌握决策科学、控制论、系统论、教育学、行为科学等领域的知识，以便在实际工作中灵活运用。通过不断拓展知识宽度和深度，使阅读推广人员能够更好地满足读者的多元化需求，提高服务水平和质量。

最后，为了切实增强阅读推广服务团队的整体实力，我们需要在实践中不

断积累经验，并将知识转化为能力。通过团队协作和不断的学习提升，阅读推广服务团队将为图书馆阅读推广事业的发展贡献更大的力量。

2．多元主体实现合作共赢

图书馆应积极倡导多元主体参与，促进各方资源的融合与共享，以避免单一主体在提供阅读服务时可能出现的疲乏现象。我们应在自愿、协商、公平和效益的基础上，充分发挥多元主体的优势作用。无论是学校、社区、社团、企业事业单位还是个人，都应被鼓励参与图书馆的阅读推广服务工作。为加强各主体间的紧密联系，图书馆可设立阅读推广人和阅读推广基地，以形成强有力的协同机制。为了确保多元主体之间的合作共赢，我们必须围绕以下三个机制进行。

首先，利益动力机制。这一机制基于阅读推广服务的内容、规模和类型进行分解，通过立项或众包等方式来激发多元主体的积极性。

其次，利益分配机制。这一机制根据不同主体的贡献程度，对阅读推广形成的经济效益和社会效益进行差异化分配。

最后，利益协调机制。这一机制综合考虑多元主体的组织能力、业务能力和专业结构等因素，以实现阅读推广服务的统筹参与程度。

**（二）推广对象的精准确定**

1．推广对象特征描述

智慧赋能下的图书馆阅读推广对象特征的描述，需要将数据中心作为基础架构，以精准的方式描绘出体现用户属性特征的全场景数据，并实时更新至用户特征数据库。鉴于数据特征的流动性，这些数据可分为静态数据和动态数据。其中，静态数据通常在数据中心的用户数据模块进行采集，包括性别、年龄、职业、学历和兴趣等。而动态数据则主要在数据中心的运行数据模块进行采集，具有强烈的时效性，可以揭示用户在某一特定时间内的特征变化规律。

2．差异化分级

根据用户特征数据库，我们可为推广对象实施差异化的分级策略。

一方面，我们可以根据用户的协同特征标签，如借阅相似性、职业相似性、年龄相似性、兴趣相似性等，来划分用户群体，并为每个群体提供定制化的阅读推广服务。同时，我们也要注意到，同一用户可能同时属于多个社群，而且他们的社群归属可能会随着时间的变化而改变。通过差异化的分级，我们可以有效地将具有相似特征的用户聚集在一起，形成不同的阅读交流圈，从而实现阅读推广服务的精准化。

另一方面，我们也可以基于用户的个体特征标签来进行个性化推荐。通过这种方式，每个用户都被视为一个独特的类别，并根据标签权重的不同来决定推荐内容的优先级。我们尤其要关注资源的精准聚焦、个性化重组和按需定制，以便为用户提供更具有价值性和针对性的推荐内容。

### （三）推广内容的聚焦与匹配

#### 1. 精准聚焦

精准聚焦的核心任务是解决推广内容与推广对象之间的科学匹配问题。在推进过程中，我们可以从两个维度入手。

首先，相关性维度。我们需要关注目标推广对象的特征与推广内容的属性是否相匹配。为了使推广内容能够更好地覆盖目标群体，我们应注重资源的关联推广和相关性挖掘。例如，"主题匹配""分类匹配"等都是有效的匹配策略。

其次，热度维度。这包括但不限于"关键词热度""全局热度""主题热度"。在冷启动背景下，如果图书馆在面对新生读者时缺乏运行数据，将难以进行特征分析。针对这种情况，我们可以选择向新生读者推广某一类具有热度特征的文献资源。

以上所述，都是在精准聚焦的基础上，针对不同维度进行策略性思考，以实现更科学、有效的推广效果。

#### 2. 个性匹配

个性匹配是一种一对一的"点式"服务，通常根据目标推广对象的个体特征来构建相应的推广内容，具有较高的可用性和针对性。然而，个性匹配的推广成本相对较高，因此，只适用于某些重点研究领域的推广对象。通过智慧图书馆平台的支持，个性匹配可以逐渐适用于每位读者，读者还可以结合个体特征进行个性化定制。

### （四）推广途径的创新

在智慧赋能的环境下，图书馆的智慧推广服务应朝着全媒体化、多场景化的方向发展，以适应不同场景下用户的阅读偏好和阅读习惯，构建智慧化的阅读环境，并以最优的方式向有阅读需求的用户推送匹配的阅读推广内容。阅读推广方式通常分为线上推广和线下推广，二者并非替代关系，而是并行关系。

通过灵活开展"线上＋线下"的方式，为用户提供万物融合、智能互联、虚实兼顾、场景明晰的阅读推广服务体验。其中，线下推广主要通过图书馆的文化空间进行，如真人图书馆、现场读书分享会等，可形成较好的阅读氛围，适用于阅读自觉性较差、阅读意愿不强烈的读者。线上推广主要通过微信、微博、抖音等新媒体平台深入到读者的网络空间，在对读者社交数据进行精准分析的基础上挖掘其关注热点，再利用图书馆的官方微博、微信公众号、移动图书馆App 等开展定向阅读推广活动，充分激发读者的阅读热情。

　　总之，随着各种智能设备、信息技术在图书馆中的有效应用，与读者相关的数据呈现出海量增长的趋势。在智慧赋能的大环境下，图书馆阅读推广服务既要让智慧赋能促进业务增值，又要让数据价值得到最大化挖掘，更要让智慧赋能助力图书馆的可持续发展。

# 参考文献

[1] 蔡瑜婉 . 智慧图书馆阅读推广策略探究 [J]. 科技资讯，2023，21（22）：219-222.

[2] 曹蕾 . 图书馆阅读推广与服务效能建设的实践与启示 [J]. 才智，2018（35）：198.

[3] 曹明国 . 图书馆实施战略规划管理刍议 [J]. 图书馆工作与研究，2012（09）：31-33.

[4] 陈林 . 以用户为中心构建图书馆服务模式 [J]. 文化产业，2023（27）：154-156.

[5] 陈敏 . 图书馆少儿阅读推广多元化体系建设研究 [J]. 采写编，2023（06）：172-174.

[6] 陈颖 . 公共图书馆阅读推广的发展趋势 [J]. 中国报业，2022（18）：66-68.

[7] 程舍 . 阅读推广的定义浅析 [J]. 汉字文化，2022（18）：46-47.

[8] 程璇 . 战略管理思想在图书馆管理中的应用 [J]. 合作经济与科技，2016（08）：78-80.

[9] 丛全滋，郭君 . 图书馆阅读推广浅论 [J]. 图书馆理论与实践，2022（06）：57-62.

[10] 耿宁华 . 新时期图书阅读推广策略和方式研究 [J]. 办公室业务，2022（01）：165-167.

[11] 龚碧染 . 智慧图书馆建设下的阅读推广工作 [J]. 江苏科技信息，2023，40（10）：28-30.

[12] 郭姝，周晅 . 融媒体时代全民阅读推广路径探析 [J]. 青年记者，2022（12）：82-83.

[13] 郝伶俐，陶鑫.襄阳城市书房可持续发展中的问题及对策研究 [J].图书馆理论与实践，2022（02）：60.

[14] 贾司渤.智慧图书馆的理论分析与实践探讨 [D].长春：东北师范大学，2020.

[15] 江世华，刘玉珍.志愿者在阅读推广活动中的助力作用 [J].管理观察，2019（33）：107-109.

[16] 柯平，陈昊琳，陆晓红.图书馆战略规划流程模型研究 [J].图书情报知识，2011（04）：4-10.

[17] 柯平，陈昊琳.图书馆战略、战略规划与战略管理研究 [J].图书馆论坛，2010，30（06）：52-57，138.

[18] 柯平.图书馆战略管理 [M].北京：海洋出版社，2015.

[19] 李良艳，陈俊霖，孙杏花.现代图书馆管理理论研究 [M].北京：中国商务出版社，2018.

[20] 李龙，高波，王少薇.我国图书馆联盟战略管理模式研究 [J].图书馆建设，2016（02）：43-47.

[21] 李楠.全民阅读时代的图书馆阅读推广策略 [J].传媒论坛，2020，3（16）：116，118.

[22] 林晓旻.智慧技术下公共图书馆阅读推广模式研究 [J].数字通信世界，2023（02）：157-160.

[23] 刘春崚.论图书馆战略管理的制定与实施 [J].办公室业务，2013（13）：115-117.

[24] 邱冠华，金德政.图书馆阅读推广基础工作 [M].北京：朝华出版社，2015.

[25] 孙爱秀.图书馆管理与信息应用 [M].沈阳：沈阳出版社，2018：26.

[26] 滕书娟.图书馆智慧阅读推广模式构建与实施路径 [J].图书馆学刊，2023，45（06）：7-10.

[27] 王丽华.宏观解读新时期图书馆用户服务工作 [J].黑龙江教育学院学报，2012，31（04）：197-198.

[28] 王晓晶，刘琼.图书馆阅读推广标准体系构建探究 [J].图书馆学研究，2023（04）：71-79.

[29] 颜惠 . 虚拟用户——新时期图书馆读者工作的服务热点 [J]. 图书馆工作与研究，2005（02）：66-67.

[30] 张政协 . 大数据背景下图书馆业务管理模式探讨 [J]. 办公室业务，2019（08）：43-44.

[31] 赵益民，王顺英 . 战略管理视野下的图书馆管理实施策略探赜 [J]. 图书馆工作与研究，2012（06）：4-10.

[32] 周颖乐 . 基于图书馆联盟的图书馆全民阅读推广探究 [J]. 文化产业，2023（02）：100-102.

[33] 朱红梅 . 基于大数据的图书馆业务管理研究 [J]. 科技资讯，2019, 17(14)：168-169.

[34] 朱艳 . 图书馆亲子阅读推广活动宣传策略 [J]. 中国报业，2023（12）：12-13.

[35] 朱艺 . 公共图书馆未成年人阅读延伸服务研究 [J]. 河南图书馆学刊，2023，43（08）：15-17.